来华留学通识教育课程教材·印象中国
总主编／佐　斌

中国文化

李华雍　肖任飞　主编

华中师范大学出版社

新出图证（鄂）字10号

图书在版编目（CIP）数据

中国文化 / 李华雍，肖任飞主编. — 武汉：华中师范大学出版社，2024.12. — （来华留学通识教育课程教材·印象中国 / 佐斌总主编）.
ISBN 978-7-5769-0767-4

Ⅰ. H195.4；K203

中国国家版本馆CIP数据核字第20249AU674号

中国文化

Ⓒ 李华雍　肖任飞　主编

责任编辑：李宗奇	**责任校对**：周思思	**封面设计**：胡　灿
编辑室：高等教育分社	**电话**：027-67867364	
出版发行：华中师范大学出版社	**社址**：湖北省武汉市洪山区珞喻路152号	
电话：027-67861549（发行部）		
网址：http://press.ccnu.edu.cn	**电子邮箱**：press@mail.ccnu.edu.cn	
印刷：广东虎彩云印刷有限公司	**督印**：刘　敏	
开本：787mm×1092mm　1/16	**字数**：170千字	
版次：2024年12月第1版	**印次**：2024年12月第1次印刷	
印张：10	**定价**：48.00元	

欢迎上网查询、购书

敬告读者：欢迎举报盗版，请打举报电话 027-67867353

"来华留学通识教育课程教材·印象中国"编委会

主　编：佐　斌
副主编：万　莹　　左双菊　　戚学英　　夏　菁
委　员：朱　力　　伍依兰　　刘建立　　阮　蓓
　　　　李华雍　　肖任飞　　余　敏　　张　弦
　　　　吉艳艳　　陈晓娟　　周毕吉　　袁海霞
秘　书：李思文

总　序

中国是具有五千年悠久历史和灿烂文化的文明古国。改革开放以来，中国焕发出新的青春活力，经济社会发展取得了举世瞩目的伟大成就，吸引着世界各地的青年学子来中国学习。2019年，来华留学生已达到50万人，中国成为亚洲最大的国际学生留学目的国，留学中国成为世界上越来越多求学者的选择与梦想。

2018年9月，教育部印发了《来华留学生高等教育质量规范（试行）》，明确要求"来华留学生应当熟悉中国历史、地理、社会、经济等中国国情和文化基本知识，了解中国政治制度和外交政策，理解中国社会主流价值观和公共道德观念，形成良好的法治观念和道德意识"。在教育教学部分，规定"来华留学生的专业培养方案应当包含汉语能力水平要求和中国概况类课程的必修要求……高等学校应当安排充足、适用的汉语课程和中国概况类课程，满足来华留学生修课需求"。"来华留学通识教育课程教材·印象中国"（以下简称"印象中国"）正是为帮助来华留学生认识和理解中国、丰富我国来华留学生高等教育中国概况类课程教学资源而编写的系列教材。

顾名思义，"印象中国"系列教材的主题和内容是来华留学生应该学习与认知的关于中国的印象。中国文化博大精深，中国社会多姿多彩，中国人民友善可爱。"印象中国"系列教材定位于来华留学生通识教育，为来华留学生提供中国概况类必修与选修课配套使用的教学资源。依据我国对来华留学生教育质量的有关规定要求，通过对现有留学生课程教材资源的分析和对来华留学生学习需求的调查，我们推出本套"印象中国"系列教材。该教材与十门课程相对应，其中必修课为中国概况与中国文化，选修课为中国社会、中国文学、中国地理、中国历史、中国科技、中国艺术、中国书法、中国与世界。

"印象中国"系列教材由华中师范大学来华留学生教育优秀教师团队精

心编写，是国家社会科学基金重大项目（18ZDA331）和华中师范大学拔尖创新人才培养计划的成果之一。作为总主编，我提出从四个方面努力让我国第一套来华留学通识教育课程教材成为精品（BEST）。第一是基础性（Basic），精选留学生应该学习的基本知识和典型内容，让留学生在通识中知华；第二是教育性（Educational），课文体现中国的主流思想和伦理价值，让留学生在知华中友华；第三是科学性（Scientific），课文内容和材料要客观准确，让留学生感知真实的中国；第四是导学性（Tutorial），内容及呈现要便于教师教学使用，更要以留学生为中心，有利于留学生学习。在编写过程中，每本教材的作者都严格按照精品要求和基本统一的体例规范进行编写，确保为留学生提供有价值的学习资源。当然，中国是一幅幅立体的、多维的、绚丽秀美的画面，由于我和同事们的视野和能力所限，教材内容的选取与呈现方面的不当之处在所难免，敬请读者和专家们不吝指正，以便我们及时对"印象中国"系列教材进行修订完善。

"印象中国"系列教材建设得到了教育部国际合作与交流司、国家留学基金管理委员会、中国教育国际交流协会、中国高等教育学会外国留学生教育管理分会等单位领导的关心和鼓励，一些来华留学教育领域的专家学者为我们的编写提供了无私的帮助，华中师范大学党委书记赵凌云，校长郝芳华，副校长彭南生、彭双阶对课程教材给予了指导，本科生院、国际文化交流学院、国际学生教育发展研究中心为教材编写提供了有力支持，我校一些留学生为教材编写提出了很好的建议，编委会全体成员为完成教材付出了大量心血，华中师范大学出版社的责任编辑为本套教材顺利出版认真尽责。在此，我向所有关心支持"印象中国"系列教材的人表示衷心的感谢！

"朝辞白帝彩云间，千里江陵一日还。两岸猿声啼不住，轻舟已过万重山。"这是一千多年前唐代诗人李白描绘的古代中国的印象之一。今天，中国人用歌声唱出了对当代中国的印象："我们的家乡，在希望的田野上。炊烟在新建的住房上飘荡，小河在美丽的村庄旁流淌。一片冬麦，一片高粱；十里荷塘，十里果香。"我期待并相信，广大来华留学生通过"印象中国"系列教材和在中国感受到的真情实感，一定能够形成自己关于古今中国的美好印象。

佐　斌

2021 年 11 月

目　录

第一课　地理环境 ·· 1
第二课　悠久的历史 ·· 9
第三课　古代哲学思想 ·· 17
第四课　宗教信仰 ··· 26
第五课　民间信仰 ··· 33
第六课　语言文字 ··· 42
第七课　古代教育 ··· 55
第八课　古代文学 ··· 64
第九课　戏曲与音乐 ·· 76
第十课　书法与绘画艺术 ·· 83
第十一课　古代工艺 ·· 91
第十二课　古代科技与发明 ··· 98
第十三课　传统建筑 ·· 106
第十四课　饮食文化 ·· 113
第十五课　传统节日 ·· 121
第十六课　传统服饰 ·· 129
第十七课　中外文化交流 ·· 136
第十八课　文化遗产 ·· 142
后记 ·· 150

第一课　地理环境

导言　任何民族文化的产生和发展都离不开它所依托的自然环境。自然环境本身并不是文化,但是文化却依赖自然环境而产生。不同地域的自然环境孕育⁽¹⁾了不同的文化类型。中华民族自古生活在亚洲的东部,是在一个与海洋文化大不相同的地理环境中产生的。中国文化生长于内陆环境。中国历史上的夏商周⁽²⁾时代,人们主要活动于北方中原⁽³⁾地区和西北地区,那是一个自然的、封闭的环境。在相当长的时间里,中国被高山、沙漠、戈壁⁽⁴⁾和海洋封闭起来,很少与外面交往,长期处于自我保护的稳定状态,逐渐形成了独具特色的中华文明。

中国土地辽阔,虽然大部分地处内陆,但是气候适宜,雨量充足,河流、平原和山脉给人们的生活提供了自给⁽⁵⁾自足的食物和用品,人与自然环境的关系比较和谐,形成了天人合一⁽⁶⁾的文化观念,这是中国文化的特色。

中国文化既有稳定、自我保护和延续发展的一面,也有封闭、保守的一面。中国在漫长的历史长河中,经历过几次北方少数民族入主中原的时期,也经受过外来文化的冲击。在面对文化冲击时,中国文化既保持了民族性和主体性,又接纳了外来文化的成果,从而丰富和发展了中国文化,使中国文化不断延续,这是中国文化突出的特色和优点。

一、辽阔的疆域与多样的地形

让我们来了解一下中国地图。中国人常说中国地图的形状像一只雄壮的大公鸡，东北地区是它的头，西北地区是它的尾巴，海南岛和台湾岛是它的脚，其他地区是它的身体。因此，中国地图看起来很像一只昂首[7]挺胸的雄鸡。我们都知道，地图上不同的颜色代表不同的地形，比如海洋、湖泊和河流是蓝色的，平原是绿色的，高原和高山是黄色的，雪山是白色的，等等。这说明中国的地图是多彩的，中国的地形是多种多样的。

中国位于亚洲东部，太平洋西岸，陆地总面积约960万平方千米。中国国土面积辽阔，是世界第三大国家，也是亚洲最大的国家。中国的疆域东西跨度约5200千米，跨越5个时区，南北跨度约5500千米。中国的海域也十分辽阔，分布着大小岛屿7600个，其中台湾岛是面积最大的岛，海南岛是第二大岛。辽阔的疆域为中华民族提供了巨大的活动空间，这就是中国文化亘古[8]独立、生生不息的重要原因。

中国地形复杂、气候多样，为中国文化的丰富内涵和多元特点提供了有利的条件。中国复杂的地形和多样的气候影响着人们的衣食住行，靠山吃山，靠水吃水[9]，自然条件决定了人们的生产方式和生活方式。

总的来看，中国的地形西高东低，根据海拔[10]高度，从西到东可以分为三级阶梯。第一级阶梯主要是青藏高原，平均海拔在4000米以上。青藏高原又被称为"世界屋脊"。世界最高峰珠穆朗玛峰就在中国西南边界。第二级阶梯在海拔1000~2000米，包括中国四大高原中的内蒙古高原、黄土高原和云贵高原。第三级阶梯大多在海拔500米以下，如东部沿海地区多是平原和丘陵[11]。东北平原、华北平原、长江中下游平原和珠江三角洲平原是中国的四大平原。

中国地域辽阔，山河壮丽，景色秀美，对中华民族的文化心理和审美趣味产生了深远的影响。山多水多，百川归海[12]，构成了一种山水环境，于是就有了"山河""江山""河山"等国家领土的代称。中国的很多地名都因山水而得，体现出中华民族依托山水的内在精神。中国古人对自然的看法是天然的，即人与自然的关系不是对抗，而是天人合一。与西方古典艺术以人为中心不同，中国的传统文化对山水更加亲近。"天地有大美而不言"，无言的自然上升为主要的审美对象，如山水诗、山水画，都表现出中华民族对山水的情感及其审美文化。

二、相对封闭的地理环境

中华文明是一种原生的文明。在相当长的时间里，中国被高山、沙漠、戈壁和海洋封闭起来。中国的西南有"世界屋脊"青藏高原，还有崇山峻岭[13]的云贵高原。不要说在遥远的古代，就算是在科技发达的现代，想越过喜马拉雅山脉也是十分困难的。中国西北从河西走廊[14]向西，先是漫长的戈壁，再就是塔克拉玛干沙漠。塔克拉玛干沙漠是世界第二大沙漠，被人们称为"死亡之海"，是中国与中亚地区交流最大的障碍。中国的北部是蒙古戈壁和西伯利亚的亚寒带针叶林，那里冬天天气寒冷，人迹稀少。中国的东面是世界上最大的大洋——太平洋，在人们发明指南针和掌握高超航海技术之前，海洋是对外交往的天然屏障。这些由自然地理环境造成的相对独立性和封闭性，使得古时候的中国人与外部世界交往较少，经济上基本自给自足。这也是中华文明能够完整且持续发展的原因之一。秦代之前，中国的先民们长时间在与其他地域近乎隔绝的情况下独立发展，创造了独具特色的辉煌文明。

地理上的屏障[15]虽然给对外交流带来了困难，但是作为东方大国的中国，很早就与中亚、西亚以及欧洲文明国家互相往来。除了商品贸易，丝绸之路[16]的开辟也促进了文化之间的交流。汉唐时代，中国以极大的气魄接纳了外来文化，极大地丰富了中华文化。15世纪末开始的地理大发现，使海洋成为世界各地交往的主要通道，而此时的中国对遥远的西方世界天翻地覆[17]的变化茫然[18]无知。明清时期的政府长时间实行海禁[19]政策。19世纪中后期，中国被西方列强的坚船利炮打开了国门。

中国人在艰辛的救亡图存[20]和发展经济的过程中，逐渐认识到海洋的重要性。一百多年后，独立自主的中国以改革开放的新形象屹立[21]于世界舞台，并逐渐成为全球化时代最重要的发展中国家之一。在这样的时代，任何一个民族，任何一种文化，都不可能孤立存在和独自发展。中国与世界的交流更加密切,中国需要世界,世界需要中国。随着中国国际地位和影响力的提高,中国文化在世界上发挥的作用也日益增大。

三、黄河与长江

河流是人类文明的摇篮。中国地域广阔,有很多大江大河。黄河与长江是中国最大的两条河流,黄河在北边,长江在南边,它们自西向东流。如果说人类的生存离不开水,那么中华民族的生存和发展就离不开黄河和长江,因此中华民族把黄河和长江称为"母亲河"。

黄河全长5464千米,是中国的第二大河,发源于青藏高原上的巴颜喀拉山,自西向东流经青藏高原、内蒙古高原、黄土高原、华北平原。黄河在黄土高原地区呈汉字"几"字形。黄河的水因包含泥沙而呈黄色,由此得名。黄河流域是中华民族的摇篮,是远古先民最早的栖息地,传说中华民族的祖先黄帝就出生在这里。迄今为止,在黄河中下游和黄土高原发现了数量众多的古人类文化遗址。在远古时期,黄河流域的水土条件适合农业耕种,黄河和它的支流为聚集在此的先民[22]提供了水源和航运交通,人们在河流经过的地方居住,黄河流域的文化最早发育并成熟起来,成为中华文明的最早发祥地[23]。农业经济的发达使黄河流域一带成为历代的政治中心,中国重要的古都西安、洛阳、开封、安阳等都位于黄河流域。

长江发源于青藏高原上的唐古拉山,全长6300多千米,是中国最长的河流,也是世界第三、亚洲第一长河。长江流经11个省市,且支流众多,流域面积约180万平方千米。在长江流域发现的文化遗迹仅次于黄河流域。在长江中下游地区,以水稻作为代表作物的水田农业文化是在中国文化重心从北方逐渐转移到南方的历史背景下发展起来的。长江流域气候温和,雨量充沛,水运交通便利,为发达的商贸文化、工艺文化(陶瓷、丝绸、文房四宝[24]等)、园林和园艺文化提供了环境和条件。长江流域的文化和黄河流域的文化差异很大,体现了中国文化的多姿多彩。

四、季风气候与农业文明

中国幅员辽阔,在离海距离、地势高低、地形地貌等因素的影响下,气候类型复杂多样,东部是季风气候,西北是大陆性干旱气候,青藏高原是高寒气候。从整体上讲,中国的大陆性季风气候特点明显。冬天,干燥而寒冷的风从蒙古高原南下,经过中国东部的大部分地区,从北向南吹向海洋;夏天,凉爽而湿润的风从海洋吹向陆地,从南方吹向北方。这种随着季节而改变的风叫季风。

中国的东部和中部离海近,能够得到来自海洋的水汽,因此夏季降雨频繁,农作物得以充分生长。而广袤的西部深处内陆,离海洋远,得不到来自海洋的水分补充,常年干旱,普通的农作物很难生长得好。季风直接造成了中国东部和西部的气候差异,也决定了东部和西部人们不同的生活方式。

黄河中下游地区位于中国季风区的中心,这里的温度和雨水条件比较好,土壤也适合农作物生长,由此成为中国早期人类的居住地,孕育了中国最早的农业文明。以中原为核心的农耕区是创造中国文化的主体。总的来说,中国文化是建立在农业经济基础之上的。

农业经济把农民世世代代留在土地上,这样的生活使得中国人形成了安土重迁[25]、追求稳定、热爱和平的观念,以及温顺平和、勤劳坚韧、理性务实的性格。同时,这种生活方式也使得过去的中国人较为保守,安于现状。

五、多样性的文化与多元一体格局

中华民族自古生活在中国这片土地上,辽阔的版图为中国文化的产生和发展提供了广阔的天地。考古发现,中国文化的起源是多元而非单一的。黄河流域、长江流域、辽河流域等都是中国文化的摇篮。因为中国各地气候等自然因素差异很大,所以文化面貌丰富多彩。

受季风气候的影响,中国的降雨量从东南到西北逐渐减少,而地势则由东南到西北逐渐增高。因此，中国的东南地势低而气候湿润，西北地势高而气候干燥。这样的特点决定了中国的东南部以农耕为主，西北部以畜牧为主。据研究资料可知，唐宋以来，东南部农耕地区地理、气候条件比较好，孕育出以定居农业为基础的法规齐备、重礼仪的农耕文化，而西北畜牧地区地理、气候条件较差，则孕育出以游牧为主的游牧文化。

在中国的中部，有一条东西走向的高大山脉——秦岭。秦岭全长1500千米。它像一座高大的墙，把冬天的冷风挡在北边，也把夏季湿润的空气挡在了南边。冬天的时候，秦岭北边寒冷干燥，而南边温暖湿润。夏天的时候，秦岭的南边湿润多雨、植被茂盛，而北边却空气干燥、雨水很少。秦岭不但造成南北方气候不一样，也阻碍了南北方人们的流动。

中国的地理环境存在着从南到北的温度差异和湿度差异。秦岭—淮河以南以种植水稻为主，秦岭—淮河以北的中原一带以种植粟为主，而长城以北的北方地区以游牧业为主。中国地理、气候条件的区域差异，构成了多民族共居和多种经济形式、多种文化类型共存的基础。中国辽阔的疆域、复杂的地形，为文化多样性提供了可能，为文化的转移和交融提供了条件。同时，因中原地区自然条件比较好，文化发展相对繁荣，所以出现了各民族向内聚合、多种文化相互融合的发展趋势，从而形成了中国文化的多元一体格局。

生词表

(1) 孕育（yùn yù）：怀胎生育，比喻既存的事物中酝酿着新事物。

(2) 夏商周（Xià shāng zhōu）：中国历史上夏朝、商朝、周朝三个朝代的合称。

(3) 中原（zhōng yuán）：指黄河中下游地区，包括河南的大部分地区、山东的西部和河北、山西的南部。

(4) 戈壁（gē bì）：指地面几乎被粗沙、砾石所覆盖，植物稀少的荒漠地带。

(5) 自给（zì jǐ）：依靠自己的生产满足自己的需要。

(6) 天人合一（tiān rén hé yī）：中国古代哲学中关于自然和人之间关系的一种观点。认为天有意志，人事是天意的体现，天意能支配人事，人事能感动天意，两者合为一体。战国时子思、孟子首先提出这种理论。天人合一说力求探索天与人的相通之处，以求彼此的和谐统一。

（7）昂首（áng shǒu）：仰着头。

（8）亘古（gèn gǔ）：整个古代。

（9）靠山吃山，靠水吃水（kào shān chī shān, kào shuǐ chī shuǐ）：比喻为了实现某种目的，充分利用周围现成的有利条件。

（10）海拔（hǎi bá）：从平均海平面起算的高度。

（11）丘陵（qiū líng）：连绵成片的小山。

（12）百川归海（bǎi chuān guī hǎi）：条条江河流入大海。比喻大势所趋或众望所归，也比喻许多分散的事物汇集到一个地方。

（13）崇山峻岭（chóng shān jùn lǐng）：高而险峻的山岭。

（14）河西走廊（Hé xī zǒu láng）：甘肃西北部祁连山以北、合黎山和龙首山以南、乌鞘岭以西的狭长地带，东西长约1000千米，南北宽100—200千米，因在黄河之西而得名。

（15）屏障（píng zhàng）：像屏风那样遮挡着的东西（多指山岭、岛屿等）。

（16）丝绸之路（sī chóu zhī lù）：古代横贯亚洲的交通道路。西汉以后我国大量的丝和丝织品经甘肃、新疆，越过葱岭，运往西亚、欧洲各国。后来就称这条路线为丝绸之路。也叫丝路。

（17）天翻地覆（tiān fān dì fù）：形容变化极大。

（18）茫然（máng rán）：完全不知道的样子。

（19）海禁（hǎi jìn）：指禁止外国人到中国沿海通商和中国人到海外经商的禁令。明清两代都有过这种禁令。

（20）救亡图存（jiù wáng tú cún）：拯救国家或民族的危亡，谋求生存。

（21）屹立（yì lì）：像山峰一样高耸而稳固地立着，常用来形容坚定不可动摇。

（22）先民（xiān mín）：古代的人。

（23）发祥地（fā xiáng dì）：原指帝王祖先兴起的地方，现用来指民族、革命、文化等起源的地方。

（24）文房四宝（wén fáng sì bǎo）：指笔、墨、纸、砚，是书房中常备的四种文具。

（25）安土重迁（ān tǔ zhòng qiān）：留恋故土，不肯轻易迁移。

练习与讨论

1. 中国地形的主要特点是什么？
2. 为什么说黄河与长江是中国的"母亲河"？
3. 有的中国人说自己是南方人，有的中国人说自己是北方人。你知道中国的北方和南方是怎么划分的吗？你们国家是否也有类似的说法？
4. 你觉得中国人的生活方式与中国的地理环境有关系吗？
5. 讨论题：请比较中国的地理环境与你们国家的地理环境的差异，以及中国文化与你们国家文化的差异，谈谈你对"地理环境对文化的形成有很大的影响"这一观点的看法。

第二课　悠久的历史

导言　中国是世界上最早诞生文明的国家之一,有文字可考的历史近四千年。在很多外国人眼里,中国是一个历史悠久的文明古国,是一个神秘的东方国家。

中国的历史一般可以划分为古代史、近现代史和当代史。中国古代史大致是从距今约一百七十万年的云南元谋人[1]所处的时代开始,直到19世纪中叶[2]的清朝末期止,体现了中国从原始社会到奴隶社会再到封建社会的漫长发展历史。中国近现代史大致从1840年到1949年,这是一段中国半殖民地半封建社会逐渐瓦解[3]的历史。中国当代史大致指1949年10月中华人民共和国成立以后的历史。

中国文化在历史进程中不断演变和丰富,是一个结构完整并且独具特色的系统,反映了中华民族的特质和风貌。在这一历史演化进程中,中国文化的主体部分是产生在中原地区的汉文化,后来又不断融合了少数民族文化的精华。

中国文化长期连续发展,从未中断,具有顽强的生命力和应变能力,这是中国文化的重要特征之一。要了解中国文化,就必须对中国历史有一定的了解。

一、中国文化的源头

中国文化的源头在哪儿呢？考古发掘证明，中华民族是独立起源的民族，中国文化的源头就在中华民族的祖先所生活的中华大地上。

两百多万年以前甚至更早，中国的大地上就有了古人类活动的痕迹。考古人员陆续发现了早期人类的化石，这些古人类存在明显的承续、发展的特点，足以证明中华民族是在中华大地上土生土长的民族。

距今约一万年，中国进入新石器时代。距今约七千至五千年，黄河中游地区进入仰韶（sháo）文化时期。大致同一时期，黄河下游出现了大汶口文化，长江下游有河姆渡文化。距今约五千年的新石器时代[4]晚期，龙山文化出现。同时，北方有红山文化，长江下游有良渚文化，等等。

由此可知，中国文化的起源地不是一处，而是多处，其中黄河流域是中国文化起源的主要地区。中国各个区域的原始文化发展程度不一样，中原地区发展得较为成熟。

二、黄帝与华夏

中国有句广为流传的话说"自从盘古开天地，三皇五帝到如今"。盘古是中国神话传说中开天辟地的英雄，是创造世界的神，三皇五帝则是传说中的先祖。

黄帝是我们最熟悉的先祖之一，中国人常常说自己是"炎黄子孙"。炎帝和黄帝都是中国上古时期部落的首领，许多发明创造都被说成黄帝或者他的家人、部下做的，黄帝于是有了"人文初祖"的美名。司马迁（qiān）的《史记》一书所记录的历史，就是从黄帝开始的。中国人常常说的中华文明五千年、历史上下五千年，都是从黄帝时代开始计算的。

传说黄帝和炎帝生活在中国的西北方，他们的关系比较密切，而蚩尤是当时东南方部落的首领。最开始，炎帝和蚩尤发生了战争，炎帝被打败后请求黄帝的帮助。最后，炎帝和黄帝联合起来大战蚩尤，战争的结果是蚩尤战败后被杀，炎帝和黄帝联合的炎黄部落胜利了，并统治了中原地区。之后，炎帝和黄帝又发生了战争，最终的结果是黄帝获胜。再后来，中原地区的炎黄部落和东方、南方的其他一些部落互相交流、互相影响，经过长期的融合和发展，最后形成了华夏族，而炎帝和黄帝就成了华夏族的祖先。

后来，夏建立了中国历史上第一个王朝，夏朝是中国史书中记载的最早的国家。商朝见证了中国青铜文明的鼎盛，也是中国有文字可考的历史的开始。我们在商的都城遗址中找到了很多刻着各种符号和图形的龟甲、兽骨，经过文字学家研究，这些符号就是最早的文字，叫作"甲骨文"。

在《史记》的叙述中，夏、商、周三代的王都是黄帝的子孙。之后，中国历史上各个朝代的皇帝也都说自己是黄帝的子孙。因为华夏族生活的中原地区在东、西、南、北四方的中心，所以古时候人们把中原地区叫"中华"。在后来的历史中，华夏族不断和其他各族融合，中原文化逐渐传播到各地，"中华"就成为中国的代称。

三、秦始皇统一中国

春秋战国时期，天下大乱，诸侯国之间战争频发，但是文化呈现出繁荣的景象，形成了百家争鸣[5]的局面。这一时期，也出现了不同程度的文化交流与融合，中国社会逐渐从分裂走向统一。

位于中国西部的秦国经过改革和发展，国力强盛，终于在公元前221年统一了中国。秦王嬴（yíng）政创立了皇帝制度，自称"始皇帝"，这就是嬴政被叫作"秦始皇"的由来。秦始皇是中国古代杰出的政治家、战略家和改革家。他结束了自春秋战国以来长达数百年的分裂战乱的历史，建立了中国历史上第一个统一的多民族的中央集权国家——秦朝。秦始皇推行了一系列有力的统一措施：统一了文字，命令全国统一使用小篆[6]，文字的统一促进了文化的交流；统一了货币、法律和度量衡[7]；为了抵御匈奴[8]而修筑万里长城，确立了历史上中国疆域的基本格局。这些措施促进了中国经济文化的发展，也促进了中华民族共同文化心理的形成，对此后两千多年中国历史的发展、文化的进步和多民族国家的统一都产生了极其深远的影响。

四、汉朝开辟丝绸之路

虽然秦始皇希望自己的后世子孙永远都做皇帝，一代一代传下去，但是秦王朝只存在了十几年就被农民起义推翻了。刘邦在公元前206年建立了新的王朝，史称"汉朝"。汉朝国力空前强盛，从那时开始，中原地区的人就被称为"汉人"，华夏族也逐渐被称为"汉族"，这也是后来"汉字""汉语""汉学"等名称的由来。

汉朝在汉武帝时期派遣张骞（qiān）数次出使西域，正式开辟出一条连接东西方交通的著名商路，由于当时这条商路主要运输中国出产的丝绸，故称"丝绸之路"。一般认为，丝绸之路东起中国古都长安（今陕西西安），出甘肃、新疆，经中亚、西亚等国家，西达地中海，以罗马为终点，全长7000多千米。丝绸之路的开辟，打破了古代亚欧大陆的地理隔断，通过物产贸易和人员往来，促进了古代中国与沿线各地区各民族的经济联系和文化交流。汉朝把丝绸等商品运往西域，再经西域运往欧洲等地，而西域商人则把中亚和西亚的胡萝卜、葡萄、石榴、汗血宝马等运到中原。

丝绸之路是在海路开通以前连接亚欧大陆的主要通道，伴随着商品的运输，思想、艺术、文化的交流也开始频繁起来，丝绸之路对促进亚欧经济、文化起到了重要的历史作用。当代中国"一带一路"倡议可以看作对古代丝绸之路的继承和发展，目的在于推动沿线各国之间的经济合作和文化交流。

五、盛唐风貌

东汉以后，中国历史进入一个较长的分裂期——魏晋南北朝时期。魏晋南北朝时期的经济发展和民族融合，为中国的再次统一创造了条件。589年，隋文帝结束了长达三百多年四分五裂的局面，实现了统一。但隋朝的统治很快就瓦解了，随之是李渊（yuān）建立的王朝，定都长安，国号唐。

隋朝和唐朝是中国历史上著名的大一统王朝，两个朝代前后相继，思想开放，治国开明，并称"隋唐盛世"。隋朝的主要贡献是创立科举制度[9]和开凿大运河，为唐朝的强盛奠定了政治和经济基础。

大唐王朝是中国历史上统治时间最久的王朝之一，历时近三百年。唐朝曾经出现过"贞观之治"和"开元盛世"两段和平繁荣的时期。

"贞观之治"指的是唐太宗李世民统治的时期。唐太宗李世民是一个有为的皇帝，他实行了很多有利于国家发展和人民生活的措施，而且他还善于任用有能力的人，善于听取建议。在他的统治下，唐朝的国力得到很大发展。此外，唐太宗的民族政策友好开明，得到各民族的尊重。由于唐太宗的年号是贞观，历史上就把这段时期称为"贞观时期"。

后来，唐高宗李治的皇后武则天称帝，成为中国历史上唯一的女皇帝。作为一位女政治家，武则天有才能，有作为。在她统治期间，唐朝的经济文化继续发展。

唐玄宗李隆基是武则天的孙子，他也是一位优秀的皇帝。在他统治的开元年间，唐朝进入全盛时期。唐朝的都城长安是当时世界上最大的城市之一。唐朝在国际上的影响力很大。

隋唐时期，中国的政治、经济、军事、文化、科技等方面都得到了前所未有的发展，尤其是典章制度、儒家思想、宗教、文字等方面对周边国家产生了积极的影响。隋唐时期是中国历史上思想开放、文化包容，与世界广泛交流、国际化程度较高的历史时期。

六、宋元明清

唐朝灭亡之后，中国又进入了分裂状态。这一时期，北方战争频繁，南方相对稳定，中国的经济重心进一步向南方转移。

960年，赵匡胤（yìn）建立了宋朝。当时与宋朝同时存在的是辽和西夏。宋朝的经济非常繁荣，尤其是商业非常发达。随着市场的发展，宋朝出现了纸币"交子"，中国用纸币的时间比世界上其他国家早了六七百年。宋和西夏、辽对峙[10]，陆上丝绸之路无法通行，只好改走海路。宋朝有20多个对外贸易港口。据史书记载，宋朝的瓷器运往世界50多个国家和地区，最远到达非洲等地。瓷器最初进入欧洲市场时，价格几乎和黄金等同。城市商业和对外贸易的发展，让宋朝成为中国历史上最富裕的朝代之一。

辽和西夏与宋朝对峙。后来崛起⁽¹¹⁾的女真⁽¹²⁾建立的金灭掉了辽，形成了宋金对峙的格局。在宋金对峙的过程中，蒙古族出现了一个出色的人物铁木真，他建立了蒙古国，被称为"成吉思汗"。蒙古先后灭了西夏、金和宋，建立了元朝，定都大都（今北京）。

元是北方少数民族建立的政权，国土辽阔。元的统一，巩固和发展了中国统一的多民族国家。宋元时期是中国民族融合进一步加强和封建经济进一步发展的时期。这一时期，文化呈现出新的繁荣景象。宋元时期还是古代中国科技进步最快的时期，活字印刷术出现，火药得到进一步应用，数学、天文历法、医学等都有较大发展。

元朝末年，朱元璋（zhāng）领导军队推翻了元朝的统治，在应天府（今江苏南京）称帝，国号大明。明朝时有名的历史事件有郑和下西洋。明成祖想借下西洋向海外各国显示实力，进行海外交往和贸易活动，于是派郑和七次下西洋。

1405年到1407年，郑和第一次下西洋。随后，郑和又先后六次下西洋。这期间，郑和的船队去过30多个国家和地区，最远到达非洲。郑和的船队带着满满的金银珠宝、丝绸、瓷器等中国特产，每到一个国家或地区，就会把这些特产当作明朝皇帝的礼物送给当地人，表达友好交往的愿望。郑和的船队受到海外各地的热情接待，其中，一些国家的国王也多次访问中国。

郑和的船队除了外交以外，每次都会带回海外的香料和珠宝。可以说，郑和下西洋是世界航海史上的创举，为人类航海事业作出了贡献。

明以后的朝代是清，清是中国最后一个封建王朝。清的统治者是东北境内的女真族（后叫满族）。1911年，武昌起义⁽¹³⁾爆发。由于1911年是中国旧历的辛亥年，所以这次革命叫"辛亥革命"。孙中山在南京就任临时大总统，中华民国成立。至此，中国两千多年的君主专制统治结束了，中国历史迎来了新篇章。

▶ 生词表

（1）元谋人（Yuán móu rén）：考古学上指元谋猿人。中国猿人的一种，大约生活在一百七十万年以前，化石在1965年发现于云南元谋。

(2) 中叶（zhōng yè）：（一个世纪或一个朝代）中间一段时期。

(3) 瓦解（wǎ jiě）：像瓦器碎裂一样崩溃或分裂。

(4) 新石器时代（xīn shí qì shí dài）：石器时代的晚期，约开始于八九千年以前。这时人类已能磨制石器，制造陶器，并且已开始有农业和畜牧业。

(5) 百家争鸣（bǎi jiā zhēng míng）：春秋战国时代，社会处于大变革时期，产生了各种思想流派，如儒、法、道、墨等，他们著书立说，互相论战，形成了学术上的繁荣景象和论争风气，后世称为百家争鸣。

(6) 小篆（xiǎo zhuàn）：指笔画较简省的篆书，秦朝李斯等取大篆稍加整理简化而成。也叫秦篆。

(7) 度量衡（dù liàng héng）：计量长短、容积、轻重的标准的统称。度是计量长短，量是计量容积，衡是计量轻重。

(8) 匈奴（Xiōng nú）：我国古代民族，战国时游牧在燕、赵、秦以北。东汉时分裂为南北两部，北匈奴在1世纪末为汉所败，西迁。南匈奴附汉，两晋时曾先后建立前赵、夏、北凉等政权。

(9) 科举制度（kē jǔ zhì dù）：从隋唐到清代朝廷通过分科考试选拔官吏的制度。唐代文科的科目很多，每年举行。明清两代文科只设进士一科，考八股文，武科考骑射、举重等武艺，每三年举行一次。

(10) 对峙（duì zhì）：相对而立。

(11) 崛起（jué qǐ）：兴起。

(12) 女真（Nǚ zhēn）：我国古代民族，满族的祖先，居住在今吉林和黑龙江一带，1115年建立金国。

(13) 武昌起义（Wǔ chāng qǐ yì）：1911年在湖北武昌举行的起义。

练习与讨论

1. 中国的历史有多长？中国的历史是怎样分期的？
2. 你知道中国哪些重要的历史人物？他们有什么重要贡献？
3. 中国历史上哪个时期或朝代最为繁荣昌盛？其主要特点和历史贡献是什么？
4. 中国历史上哪个时期与外国的交流比较频繁？有什么具体的中外交

流事件？这些中外交流事件对中国和世界有什么影响？

  5. 在你的国家，人们知道哪些中国的历史名人？你对他们有什么样的印象？这种印象是怎么获得的？

  6. 讨论题：请你描述和分享你所喜欢和敬佩的一个中国历史上的人物，并说明理由。

第三课　古代哲学思想

导言　中国文化是个大系统，其中最核心的部分是哲学思想。一个民族的哲学思想，是这个民族精神文化最基本也是最稳定的部分。古代中国人在长期的生活实践中，对宇宙、世间万物，尤其是人自身及所在的社会等都有自己的思考和认识，形成了一套完整的思想体系。中国古人对天地万物、客观世界的认识，代表了中华民族的聪明与智慧，而中国古人对自身的主观世界及其所在社会的思考，则代表了中华民族的善恶观和价值取向。

中国传统思想具有自身的特色，其内在的民族性格和文化品格，对中国人的思维方式和生活方式有很大影响。总的来说，中国传统思想更偏重实用，从实用的角度对人生、对社会做出思考和解释，其目的是让现实世界更理想。中国历史上的哲学流派众多，在这些流派中，儒家和道家是影响最大的。

一、孔子与《论语》

公元前551年，孔子出生于鲁国陬（zōu）邑（今山东曲阜东南）一个没落的贵族家庭。孔子名丘，字仲尼，是中国古代伟大的思想家、教育家和政治家，儒家学派的开创者，被后人尊称为"圣人"。

孔子生活在以礼制为体、德治为核心的文明时期。当时，贵族子弟学习的主要内容是礼、乐、射、御、书、数等六项被称为"六艺"的技能。礼是各种礼仪、规定，乐是与礼相关的音乐、舞蹈，射是射箭，御是驾车，书是书写，数是计算。"六艺"是当时贵族子弟必须掌握的技能，其中孔子最重视也最精通的是礼。孔子所生活的鲁国，是保存周礼最多的诸侯国。孔子就是在鲁国这样的社会与文化环境中，成长为一个坚守周礼、关心政治的知识青年。

春秋末期，周天子衰落，社会混乱，周礼越来越不适应当时的社会状况了。而孔子的梦想是重建西周那样的理想社会，但是当时的鲁国并不接受他的想法。于是孔子带着他的政治理想，开始了长达14年的周游列国之行。他去过很多诸侯国宣传自己的观点，但是都没有得到重视。

公元前484年，孔子回到鲁国，开始专注教育事业。孔子广收学生，推行"有教无类"，宣布不管什么出身的人都可以做他的学生。史称孔子门下有弟子三千人，特别优秀的有七十二人。孔子虽然不是私学[1]的首创者，但是他兴办的私学规模最大，影响非常深远。孔子是中国历史上第一个以教育为职业，使学术民众化的人。

公元前479年，孔子去世，终年七十三岁。孔子一生都希望能在政治和文化上有所建树[2]，然而他生不逢时，一生颠沛流离[3]。即便如此，孔子依然在坚持自己的理想上表现出了"知其不可为而为之"的勇气。孔子是中华文明的主要代表人物之一，对世界文明也有卓越的贡献和深远的影响。他提出的"有教无类""因材施教"[4]等教育观点至今仍有积极的影响。

大家所熟知的《论语》是由孔门弟子和后学[5]回忆、整理孔子及其弟子、再传弟子的言行而编纂的，集中反映了孔子的思想。《论语》全书共二十篇，四百九十二章，是一部语录体散文集。《论语》只有11 705个字，却被称为"中国第一书"。它不仅影响了中国，也影响了世界。《论语》浓缩了孔子的政治主张、伦理思想、道德观念，以及孔子的弟子、再传弟子思想的精华，堪称中国传统文化的主要经典之一。《论语》里面做人的道理、处事的智慧，已经沉淀为中华民族共同的心理。在《论语》之前，社会思想以天命为主。而《论语》建立了一种立足于人的人文主义思想体系。自此以后，中国文化走出了一条新的道路。

二、仁义与礼制

儒家思想的核心之一是"仁"。"仁"是什么呢？"仁"即"爱人"。孔子认为每个人都应该爱别人。这种感情是从爱自己的父母出发，逐渐向外推广，直至爱天地万物。那么"仁"应该如何实现呢？实现"仁"的方法就是"忠恕"之道，推己及人[6]。"忠恕"之道包括两个方面，一个是"忠"，另一个是"恕"。

"忠"就是"己欲立而立人，己欲达而达人"（《论语·雍也》），意思是：自己想要自立、成功、事业发达、明达事理，希望别人也能够做到这样；在满足自己的愿望的同时，也让别人的愿望得到满足。"恕"就是"己所不欲，勿施于人"（《论语·颜渊》），意思是：自己不愿意做的事，也不要强求别人去做；自己不愿意面临的困难处境，也不要强加给别人。总之，仁爱思想的核心是同情心，也可以是一种宽容的精神，"忠恕"之道，是实行"仁"的总体方针。

对于个人的品德，孔子强调"仁"和"义"。"义"者宜也，即一个事物应有的样子，它是一种绝对的道德律。孔子思想的另一个核心是"礼"。"礼"包括社会生活的各种礼仪、社会制度和行为规范等。孔子的弟子颜渊曾向孔子请教"仁"，孔子回答"克己复礼为仁"。这里所说的"克己复礼"，是强调自律、自我克制，一切以"礼"为行为准则。孔子认为所有人都应该遵守一定的社会规范，履行好自己的责任和义务。一个人"为仁"，就是追求"仁"。"礼"的思想对中国社会和文化以及人际交往方式都产生了深刻的影响。

三、性善与性恶

战国时期，出现了两位儒学大家：主张性善论的孟子和主张性恶论的荀子。孟子（约公元前372—前289）名轲，字子舆。他继承并发扬了孔子的思想，成为仅次于孔子的一代儒学宗师，有"亚圣"之称。孔子与孟子并称"孔孟"。

孟子最重要的理论就是性善论。他在文章中写到，如果突然看到一个小孩子掉进井里了，任何人都会感到吃惊、害怕，然后生出同情之心，想去救这个孩子。这么做并不是为了让小孩子的父母来感谢自己，也不是为了得到周围人的表扬和称赞，这种"不忍之心"是人天生就有的。由此，孟子进一步论证，人天生就具备四心："恻隐"(7)"羞恶"(8)"辞让"(9)"是非"(10)。这四心就是仁、义、礼、智四种美德的萌芽，故而人的本性是善的。但是，在人的成长过程中，因为个体差异和外部环境的影响，后天的丑恶欲望会逐渐掩盖人的善良本心，所以孟子强调修身(11)、养气(12)、养志与养性(13)的重要性。孟子的性善论对后世人性思想的发展产生了很大影响。

与孟子相反，战国后期儒家的另一位思想家荀子提出了性恶论。荀子认为，人生来没有善念，而是追求利益和享乐，充满了各种欲望。人性本来是自私自利的，"善者伪也"。这里的"伪"不是虚伪(14)，是后天"人为"的意思。人性本恶，但是人有智能，能够通过后天的努力追求善道，成为善人甚至圣人。圣人也跟普通人一样，是通过后来努力（人为）才有所成就的。荀子看重人的创造力，因为人创造了文化。荀子还很重视礼，他认为礼是为了规范人的行为、限制人的利欲的。为了保证社会公共秩序的运行，礼必须与强制力量相结合，于是礼就转成了法，因此荀子常常把礼法并称。荀子这种礼法并用的思想，成为其后历代君主专制统治思想的源头之一。

四、老庄与道家学派

道家是以"道"为最高哲学范畴(15)的文化流派，它以"道"来统摄(16)自然、社会和人生三大层面，追求三者的自然平衡。道家形成于先秦(17)时期，代表人物是老子和庄子，因此道家学说思想也叫"老庄思想"。

老子（约公元前571—约前471），姓李名耳，是道家学派的创始人，因博学而闻名。老子的代表著作是《老子》，也叫《道德经》。这本书只有五千字左右，但其中"道法自然""无为而治"(18)等思想却对中国乃至世界都产生了重要影响。老子思想的核心是"道"，因此老庄学派被称为"道家"。

庄子（约公元前369—约前286），名周。庄子是继老子之后道家思想的重要代表人物，故而历史上常常把老子与庄子并称为"老庄"。庄子继承和发展了老子的思想。他的思想体现在《庄子》一书中。《庄子》一书内容丰富多彩，多采用寓言故事说明哲理，具有很高的哲学和文学价值。

老子认为，"道"是世界万物的本原。"道"是"无不为"的，因为"道"衍生[19]天地万物；"道"又是"无为"的，因为"道"无目的、无意志，也不主宰[20]万物。万物自生自灭，"道"则自然运行。因此，道家主张"自然""无为"，实行"无为而治"。老子的学说体现了朴素的辩证法[21]思想，他列举了难易、长短、有无、高下、美丑等多种矛盾对立的关系，以此揭示事物既相互矛盾又相互依存的关系。老子还指出矛盾的双方常常会朝着相反的方向转化，也就是"物极必反"[22]。

庄子的学说也以"道"为核心内容。庄子在老子的基础上，发展出"齐万物，齐生死，齐是非"的观点。"齐"就是等同的意思。庄子认为最美好的形态就是自然的形态，人类的创造及活动都是对自然的破坏。因此，他主张人应该按照自然本性生活，也就是"顺其自然"。庄子认为"顺乎天"是一切幸福的源头，"顺乎人"则是痛苦的根源。人只有与万物合一，与"道"合一，才会获得真正的自由。

中国历史上，老庄思想成为人们追求精神自由和人格独立的超脱[23]之道。道家提出的"人应该顺应自然规律"就包含着自然原则，具有合理因素。

五、《周易》与阴阳五行

由于中国早期社会生产力低下，科学不发达，所以人们对自然现象、社会现象以及人自身的现象没有办法做出科学的解释，就认为在世界万物背后有一个至高无上的神存在，支配着世间一切。人们经常遭天灾人祸，就产生了借助神意来预知未来的灾难的想法，想通过这个办法来避免灾难。《周易》就是在这种条件下产生的。

《周易》就是《易经》，是儒家的重要经典，内容包括《经》和《传》两个部分。相传中国上古时期，伏羲氏[24]通过观察并研究天上日月星辰的运动轨迹、地上山川河流的走向、鸟兽的皮毛花纹等，创作出了八种图形来分别象征天、地、雷、风、水、火、山、泽八种自然现象。后世把这八种图形叫作八卦。相关研究表明，《周易》可能产生于周代。最初这本书是用八卦来推测自然和社会的变化，为人们的行动提供依据。《周易》是中国古人对天地万物和人类社会思考的结果，汇总了上古文化，是中国先民智慧的结晶。

在长期的实践中，中国古人建立了一套认识世界的知识系统，这个系统的核心是阴阳五行学说。阴阳五行学说是中国传统文化的重要体系之一，是中国古代解释自然界阴阳两种物质对立和消长的理论根据，也是说明世界万物的起源和多样性的哲学概念的依据。

中国人认为，宇宙间有两种力量，一个是阳，一个是阴。这明显是古人从日常生活中观察到的。比如我们生活的世界有天、有地，有白天、有黑夜，有男人、有女人，有热、有冷。这两种力量相互影响，相互作用，世界万物因此有了动力。阴阳学说把阴阳的矛盾对立和相互作用看作宇宙的根本规律。

所谓五行，就是木、火、土、金、水。中国古人在长期的生活和实践中认识到木、火、土、金、水是必不可少的最基本物质，世界上的一切事物都是由木、火、土、金、水这五种基本物质之间的运动变化生成的。五行中"行"字的意思是运动。这五种物质在不断的相生相克的运动中保持着平衡，这就是五行学说的基本内容。

战国时期，阴阳和五行这两个学说结合在一起，用来解释宇宙万事万物的变化。阴阳五行学说对中国文化和中国人的生活产生了深远的影响，如饮食、中医、太极等都体现了阴阳五行平衡的理论。

阴阳五行学说认为，世界是一体的，五行是组成部分，阴阳是变化的动力，通过五行和阴阳的作用，天、地、人可以互相感应，由此产生了天人合一的思想。天人合一的思想至今仍然具有重要价值，体现了中国人独特的自然观，也对世界的自然观有启发意义。从中国传统的山水画、中式建筑，到现代中国的生态文明建设，都体现了中国人追求与自然和谐统一的理念。

六、诸子百家

春秋战国时期的社会动荡和社会改革，客观上促进了思想的发展，各派思想家纷纷涌现，出现了百家争鸣的繁荣景象，是中国古代思想发展的黄金时代。在众多思想家中，最著名是儒家的代表人物孔子、孟子，道家的代表人物老子、庄子。除此以外，还有墨家、法家、阴阳家等思想流派的代表人物。这些思想家被称为"诸子百家"。

墨家学派是墨子创立的，他和自己的学生组成了一个纪律严明的团体，团体里的每个人都叫"墨者"。墨家和儒家一样提倡"仁爱"，但是墨家主张"兼爱"。"兼爱"强调没有差别，人与人的关系不分远近，要平等。这个观点和儒家的"仁爱"是不一样的，儒家的"仁"以血缘为基础，对人的爱由近及远，对不同的人的爱是有差别的。墨家认为战争对人们的危害很大，因而主张"非攻"，也就是反对不义的战争。墨家不但在思想方面有自己的观点，在自然科学方面也有很大的贡献，充分展示了中华民族的聪明才智。

法家学派也是对中国古代思想产生了重大影响的学派，代表人物是韩非子，著有《韩非子》。法家主张以法治国，"不别亲疏，不殊贵贱，一断于法"。法家的中心思想是"循名责实，信赏必罚"，意思是统治者必须有名有实，赏罚分明。法家是诸子百家中最重视法律的一个学派，而且提出了一整套相关的理论和方法，这为后来秦朝管理国家提供了依据。法家以法治国的思想影响十分深远。

生词表

(1) 私学（sī xué）：私人创办的学校。

(2) 建树（jiàn shù）：建立（功绩）。

(3) 颠沛流离（diān pèi liú lí）：生活艰难，四处流浪。

(4) 因材施教（yīn cái shī jiào）：针对学习的人的能力、性格、志趣等具体情况施行不同的教育。

(5) 后学（hòu xué）：后进的学者或读书人（多用作谦辞）。

(6) 推己及人（tuī jǐ jí rén）：用自己的心思来推想别人的心思；设身处地地替别人着想。

(7) 恻隐（cè yǐn）：对受苦难的人表示同情；不忍。

(8) 羞恶（xiū wù）：对自己或别人的坏处感觉羞耻和厌恶。

(9) 辞让（cí ràng）：客气地推让。

(10) 是非（shì fēi）：事理的正确和错误。

(11) 修身（xiū shēn）：指努力提高自己的品德修养。

(12) 养气（yǎng qì）：培养品德；增进涵养功夫。

(13) 养性（yǎng xìng）：陶冶本性；修养心性。

(14) 虚伪（xū wěi）：不真实；不实在；作假。

(15) 范畴（fàn chóu）：人的思维对客观事物的普遍本质的概括和反映。各门科学都有自己的一些基本范畴，如化合、分解等，是化学的范畴；商品价值、抽象劳动、具体劳动等，是政治经济学的范畴；本质和现象、形式和内容、必然性和偶然性等，是唯物辩证法的基本范畴。

(16) 统摄（tǒng shè）：统辖。

(17) 先秦（xiān qín）：指秦统一以前的历史时期，一般指春秋战国时期。

(18) 无为而治（wú wéi ér zhì）：顺其自然，不必有所作为，是古代道家的一种处事态度和政治思想。

(19) 衍生（yǎn shēng）：演变发生。

(20) 主宰（zhǔ zǎi）：支配；统治；掌握。

(21) 辩证法（biàn zhèng fǎ）：关于事物矛盾的运动、发展、变化的一般规律的哲学学说。它是和形而上学相对立的世界观和方法论，认为事物处在不断运动、变化和发展之中，是由于事物内部的矛盾斗争所引起的。

(22) 物极必反（wù jí bì fǎn）：事物发展到极端，就会向相反的方面转化。

(23) 超脱（chāo tuō）：不拘泥于成规、传统、形式等。

(24) 伏羲氏（Fú xī shì）：我国古代传说中的人物。传说他教民结网，从事渔猎畜牧。也叫庖牺。

练习与讨论

1. 你听说过孔子吗？他是一个什么样的人，有哪些主要思想？你对孔子的哪些方面感兴趣，为什么？

2. 你听说过老子吗？他有哪些主要思想？

3. 你的国家出版过《论语》《道德经》等中国古代哲学类的书籍吗？你知道孔子和老子的哪些名言？它们分别表达了什么意思？

4. 中国人如何看待人和自然的关系？和你的国家的自然观有什么异同？
5. 你对诸子百家有什么了解？
6. 讨论题：中国古代哲学与你的国家最重要的哲学思想的比较。（可以比较主要哲学思想、历史意义、对现代的影响等。）

第四课　宗教信仰

导言　宗教信仰在人类的发展过程中占有重要的地位，在世界各国、各民族的历史中都是一种普遍的社会现象。中国是一个历史悠久的多民族国家，中国的宗教信仰也有着丰富多彩的内容。在中国古代，影响最大的宗教是佛教和道教。道教与佛教、伊斯兰教和基督教不同，它是土生土长的中国宗教，具有鲜明的民族特点。道教内容庞杂[1]，与中国文化有着极其广泛的联系。

中国古代文化史籍中常有"三教"之称。所谓"三教"，指的是儒教、佛教和道教。佛教与道教属于宗教是毫无疑问的，而儒教却与宗教不同，儒教的"教"是教育之"教"，教化之"教"。儒教、佛教和道教相互影响、相互融合，形成了中国人独特的宗教观。

一、中国佛教及其重要意义

佛教在两汉之际（公元1世纪左右）从古印度一带传入中国。中国的第一个佛教寺庙——白马寺就是东汉时建造的，位于现在的河南洛阳。

最初，佛教只被少数中国人所接受。为扩大影响，佛教逐渐开始本土化，并大力宣传与中国文化相通的观念，如"慈悲[2]普度[3]""济世救人"[4]"因果报应"[5]"轮回[6]转世"等。在魏晋南北朝期间，佛教得到了中国社会各个阶层的响应，有了很大的发展，当时建造了大量佛寺、石像、石窟。唐代诗人杜牧的诗句"南朝四百八十寺，多少楼台烟雨中"即描绘了当时的情况。中国三大石窟也都是在此期间开始建造的。

佛教与中国本土思想融合的过程称为"佛教的中国化"。在此过程中，佛教在中国形成不少宗派，每个宗派都有不同的理论体系和修行体系，其中"佛教的中国化"最典型的产物是禅宗。禅宗创立"顿悟成佛"思想，使修行摆脱了烦琐[7]的宗教仪式，并迅速扩大影响，远及朝鲜和日本。

隋唐以后，佛教在中国哲学中的地位已经和儒家大体相当。唐朝作为一个繁荣富强的统一王朝，对各种宗教都采取了宽容和大力提倡的政策。在唐朝，国家主持佛经翻译工作，请中外名僧翻译大量佛经，其中最著名的莫过于玄奘和尚。他前往印度取佛经并将其翻译成汉语，为佛教研究工作者提供了珍贵的资料。我们熟悉的小说《西游记》就是取材于玄奘取经的经历。

二、佛教文物与胜迹

千百年来，中国社会各阶层的人们为了信佛、拜佛、敬佛和护佛，建造了无数佛寺、佛像、佛塔和石窟，留下了许多有价值的佛教文物和佛教胜迹，有的已经成为世界文化遗产，主要有四大名山、四大禅林[8]、三大石窟艺术等。

佛教主张离尘出世，因此，寺庙建筑大多建在幽深的山林里，从而形成了佛教名山。中国佛教四大名山是五台山、峨（é）眉山、九华山和普陀（tuó）山。相传五台山是文殊菩萨显灵[9]说法[10]的道场[11]，另外三座山分别是普贤菩萨、地藏菩萨和观音菩萨[12]显灵的地方。

禅林指的是规模巨大的寺院。中国佛教四大禅林都是隋唐时代建成的，分别是灵岩寺、国清寺、玉泉寺和栖（qī）霞寺，可见当时佛教发展的盛况。

佛教传入中国后，古印度的佛教艺术——石窟、壁画、雕塑等也跟着传入。中国三大石窟是甘肃敦煌莫高窟、山西云冈石窟和河南龙门石窟。其中最著名的是敦煌莫高窟，它集建筑、雕塑和壁画为一体，是世界上最大的佛教艺术宝库。此外，四川的乐山大佛高71米，被誉为中国第一大佛。

三、佛教对中国文化的影响

佛教传入中国后，与中国文化相互影响，相互融合，对中国传统文化产生了深刻的影响。佛教自汉代传入中国后，与中国本土文化发生了激烈碰撞，但同时也逐步走向融合。魏晋时期，佛教借助玄学[13]融合了儒、道的理论，同时玄学也借助佛教丰富了自己的理论。隋唐时期，佛教完成了中国化的进程，成为真正意义上的中国佛教。隋唐时期，佛学思想成为当时社会的一种极为重要的哲学思想。

佛教文化对中国古代文学的影响，主要体现在小说和诗歌上。在小说方面，佛教文化对魏晋时期的影响最为明显。由于当时玄学盛行，而佛教中本来就有很多鬼神故事，于是二者结合就产生了以专门记述神仙鬼怪为内容的小说——志怪小说。志怪小说中最有名的是干宝的《搜神记》等。这些小说大多讲鬼神灵异的故事，对后世的唐代传奇有直接的影响，甚至深远地影响了宋、元、明、清的小说和戏剧等。

中国古代艺术，尤其是绘画和雕塑更能显示出佛教的影响。中国的石窟艺术是在古印度和西域石窟艺术的基础上发展的，它逐渐吸收和融合了中国艺术的风格，造像在模拟中国人形象的同时，也保留了古印度雕塑艺术的某些特点。以佛教为内容的宗教壁画，在表现手法上加入了中国传统的亭台楼阁，给中国人一种亲和感。

佛教的流行使佛语、佛典和佛偈大量渗入社会生活，并失去了其本身的含义而具有了新的社会含义，成为成语、俗语、谚语[14]和惯用语。如"丈二和尚摸不着头脑""跑得了和尚跑不了庙""和尚打伞——无法无天"等。

四、道教及其神仙信仰

道教是在中国本土产生的宗教，形成于东汉时期。道教以道为最高信仰，主要崇拜的神是道家的创始人老子，另外还有其他众多的神，是一种多神教。

道教是从原始信仰中的巫术[15]和方术[16]发展而来的。在远古时代的中国，人们无法理解打雷、地震等自然现象，认为是有一股鬼神的力量在支配自然，由此产生了万物有灵的观念。古人们尝试用一些看起来很神秘的方法和鬼神交流，这些方法就是巫术。人们渴望长生不死，渴望成仙，于是尝试通过一些特殊的修炼[17]方法达到目的，比如炼制仙丹[18]，这些就是方术。巫术后来演变成了道教的各种仪式，而方术则成了道教徒们修炼的方式。

道教最初没有系统的理论，道教的创始人把老子的《道德经》作为理论依据。道教的解释是道是看不见摸不着的，但是道又创造并主宰着世界万物，任何人一旦得到了道，就能成为神仙。传说老子就是第一位得道成仙的人，他还创造巫术和方术帮助人们成仙。

道教与其他宗教最明显的不同是：一般宗教都比较关心来世，追求灵魂在来世进入天堂或者到达彼岸[19]；道教则认为现世的生命是宝贵的，只有保持身体健康、精神愉快、内心清净、积德行善[20]，才能得道成仙。因此，在现实生活中，道教徒重视修身养性，相信经过修炼既可以体会人间快乐，又可以得道成仙。

五、道教的名胜古迹

道教的流行也使道教胜迹遍布天下。道教早期不设神像，到宋代以后其信徒才普遍供奉[21]神像，因此道教造像和石窟数量非常有限，艺术水平也没有佛教高。

道教名山很多，有"三十六洞天""七十二福地"之说。道教认为，高山和深洞是神仙居住和修炼的地方，因此天下名山几乎都被道教列为洞天福地。其中，湖北的武当山、安徽的齐云山、江西的龙虎山和四川的青城山，号称道教的四大名山。

武当山是中国著名的道教圣地，在古代被称为"皇室家庙"。除古建筑群外，武当山各宫观陈设富丽[22]堂皇[23]，被誉为"黄金白玉世界"。武当山道教音乐非常有名，是道教文化的重要组成部分。武当武术历史悠久，是中华武术的一大流派，与少林功夫齐名，素有"北少林，南武当"的说法。

齐云山古称"白岳"，因"一石插天，直入云端，与碧云齐"而得名。齐云山保留下来的大量摩崖[24]石刻和碑刻[25]是它的特色。

龙虎山是中国道教的发祥地。自张道陵以后,道教天师在这里承袭了六十三代,历时一千九百年。

青城山是张道陵创立五斗米教[26]以后传道收徒的地方,山上有上清宫、东道院、群仙观等多处道教建筑。

六、道教对中国文化的影响

道教信仰主要来自道家思想和古代神话。道教在发展过程中又吸取了儒家思想和佛教精神,构成了独具特色的道教文化。道教与中国文化的联系非常广泛,对中国文化产生了十分深远的影响。

道教对古代中国的科学技术有一定的贡献。比如炼丹可以说是最古老的冶炼技术和化学反应,火药的发明和利用也与炼丹有关。道教的养生之道和练气、引气,是气功、武术、太极拳等体育活动的直接来源。

道教的成仙思想和对仙界的描述,刺激了艺术家们的想象力及其文学创作的浪漫主义情怀。小说《封神演义》《西游记》以及民间广泛流传的《八仙过海》[27]的故事等,都直接以道教神仙的活动为题材。民间习俗也有很多与道教相关的内容,如玉皇大帝[28]、王母娘娘[29]等都是民间信仰的神。

七、中国人的宗教观

中国古代农业文明的繁荣和自给自足的生活方式,使得中国人普遍具有理性务实、注重现世的心理特征,而且因为儒、佛、道的互相影响和融合,中国自古至今一直保持着多种宗教并存、信仰自由的格局。

中国人信仰宗教是期望通过信仰神灵实现现世生活的平安和幸福,这不同于世界其他民族宗教信仰中的"救赎"或者"超越"。中国人的这种宗教观反映到宗教活动中,就是人们为了达到现世生活的目标,可能同时祭拜不同体系的神,有的庙宇甚至同时供奉道教、佛教和民间神灵。因此,中国大多数庙宇中的宗教活动的仪式感已经大大减弱,这些庙宇变成了供人参观的旅游胜地。

生词表

(1) 庞杂（páng zá）：多而杂乱。

(2) 慈悲（cí bēi）：慈善和怜悯（原来是佛教用语）。

(3) 普度（pǔ dù）：佛教用语，指广施法力，使众生得到解脱。

(4) 济世救人（jì shì jiù rén）：救济世人。

(5) 因果报应（yīn guǒ bào yìng）：佛教指事物的起因和结果，今生种什么因，来生结什么果，善有善报，恶有恶报。

(6) 轮回（lún huí）：佛教指有生命的东西永远像车轮运转一样在天堂、地狱、人间等六个范围内循环转化，永无止息。

(7) 烦琐（fán suǒ）：繁杂琐碎。

(8) 禅林（chán lín）：指寺院。

(9) 显灵（xiǎn líng）：指鬼神现出形象，发出声响或使人感到威力（迷信）。

(10) 说法（shuō fǎ）：讲解佛法。

(11) 道场（dào chǎng）：和尚或道士做法事的场所，也指所做的法事。

(12) 观音菩萨（Guān yīn pú sà）：即观世音，佛教菩萨之一，佛教徒认为是救苦救难之神。唐代避唐太宗李世民讳改称观音。也叫观自在、观音大士。

(13) 玄学（xuán xué）：魏晋时代，何晏、王弼等运用道家的老庄思想糅合儒家经义而形成的一种唯心主义哲学思潮。

(14) 谚语（yàn yǔ）：在民间流传的固定语句，用简单通俗的话反映出深刻的道理。如"风后暖，雪后寒"，"三个臭皮匠，赛过诸葛亮"，"三百六十行，行行出状元"。

(15) 巫术（wū shù）：巫师使用的法术。

(16) 方术（fāng shù）：旧时指医、卜、星、相、炼丹等技术；方技。

(17) 修炼（xiū liàn）：指道家修养练功、炼丹等活动。

(18) 仙丹（xiān dān）：神话中认为吃了可以起死回生或长生不老的灵丹妙药。

(19) 彼岸（bǐ'àn）：佛教指超脱生死的境界（涅槃）。

(20) 积德行善（jī dé xíng shàn）：民间指为了求福而做好事，泛指做好事。

(21) 供奉（gòng fèng）：敬奉，供养。

(22) 富丽（fù lì）：宏伟美丽。

(23) 堂皇（táng huáng）：气势宏大。

(24) 摩崖（mó yá）：在山崖上刻的文字、佛像等。

(25) 碑刻（bēi kè）：刻在石碑上的文字或者图画。

(26) 五斗米教（Wǔ dǒu mǐ jiào）：道教的一派，东汉末年张道陵所创，因入道者须出五斗米而得名。

(27) 八仙过海（bā xiān guò hǎi）：谚语"八仙过海，各显神通（或'各显其能'）"，比喻各自有一套办法，或各自施展本领，互相竞赛。

(28) 玉皇大帝（Yù huáng dà dì）：道教称天上最高的神。也叫玉帝。

(29) 王母娘娘（Wáng mǔ niáng niang）：西王母的通称。

练习与讨论

1. 中国的道教与道家有什么联系和区别？
2. 佛教传入中国以后是如何实现本土化的？与其他国家的佛教相比有什么区别？
3. 举例说说你所知道的中国佛教或者道教的名胜古迹。
4. 你可以举例谈谈佛教、道教对文化的影响吗？
5. 说说中国人和你的国家的人在宗教活动和观念方面的异同。
6. 讨论题：谈谈你的国家流行的宗教及其对社会和生活的影响。

第五课　民间信仰

导言　中国的民间信仰既受佛教、道教等几大宗教的影响，又受中国古代易学与阴阳五行思想的影响。中国的民间信仰很复杂，内容丰富，但也缺乏系统性。有的信仰是整个中华民族共同尊崇的，有的只限于某一地区或者某一行业；有的信仰流传至今，有的已经消失在历史的长河中；有的具有合理性，满足了人们的精神需要，给生活增加了色彩，也有的违反科学，属于迷信。

与宗教信仰相比，中国民间信仰的对象五花八门[1]。中国民间信仰的多元性表现在许多方面。比如神的来源，有的神来自佛教、道教，有的神来自古代神话传说、古代小说，有的神是家里的祖先和历史上的名人，等等。在中国，神的作用也是多元的，有的神负责治病，有的神负责降雨，而且大部分神已经具有了人的特点——有姓名，甚至还有家庭。

中华民族是理性务实的民族，这种民族性格直接影响了人们的民间信仰。中华民族创造的神都是对人的现实生活有帮助的，而拜神的时候则是选择对自己的愿望有帮助的神。中国民间信仰的神还具有调和性与随意性，这一点和宗教信仰有很大不同。中国的民间信仰把各类神调和在一起，包括宗教神和世俗神，人们造神和信神也比较随意，神的形象和作用经常会改变。

总之，多元性、务实性、调和性与随意性是中国民间信仰的四个特点。这四个特点是相互依存的，但其最根本的特点是务实性。在中国历史上，无神论的影响很大,如儒家思想创始人孔子的观点是"子不语怪、力、乱、神","敬鬼神而远之"。

一、多神信仰

中华文明的基础是农业文明,传统农民的生活方式是自给自足。在这种生活方式的影响下,中国人会对直接影响其现实生活的自然生存环境产生崇拜。中国人崇尚多神崇拜,做饭的地方有灶神[2],门口有门神[3]。在中国人眼里,处处有神,物物是神。

中国人对日、月、星神的崇拜自古就有。北京的日坛、月坛就是明清两代帝王祭日神、月神的地方。不过,日、月神在民间信仰中不占重要地位,因此少有日、月神庙。而民间信仰中对星神的信仰范围则很广,如后世对牛郎星和织女星的信仰比较广泛。牛郎织女[4]的传说在民间流传很广,每到七夕[5],几乎家家户户举行祭祀活动。

在古代,中国人对与粮食收获和生活关系都十分密切的风、雨、雷、电等自然现象不了解,认为每种现象都有一个神在负责,比如风有风伯,雨有雨神,雷有雷公[6],电有电母。人们为了祈求风调雨顺[7],就要祭祀这些神。风神的形象并不统一,一般来说是一个白胡子的老人,右手拿着扇子一样的东西,左手握着轮子。雨和农业生产的关系最为密切,因此自古以来人们对雨神的崇拜是最常见的。早期雨神的形象有鸟的形状,有人的样子,后来龙王[8]能降雨的信仰产生后,龙王就成了雨神的形象。雷神的形象到明清时统一为尖嘴猴脸。人们认为雷神是主持正义的神,能判断善恶,可以代替天神惩罚做了坏事的人和动物。这种信仰流传在世代中国人的口中,至今人们还常用"遭雷劈""天打五雷轰"[9]等来诅咒[10]或者发誓。电神一般被看作雷神的妻子,因为打雷时总有闪电相伴。

在生产能力低下的时代,许多行业的劳作都很艰难。人们希望得到神的帮助和保护,由此产生了行业神。民间信仰的行业神数量很多,可以说每个行业都有自己的守护神。有的一个行业信仰一个神,有的一个行业同时信仰几个神。其中,最有名的是春秋时代的著名工匠鲁(lǔ)班,他被木匠、瓦匠、石匠等多种行业称为"先师"。这些行业的人亲切地称呼鲁班为"鲁班爷",自称"鲁班弟子"。

人的一生都会遇到挫折⁽¹¹⁾和坎坷⁽¹²⁾,为了在遇到挫折和坎坷时能够借助神的力量,人们信仰福、禄、寿等人生保护神。福、禄、寿原为三星——福星、禄星和寿星,后世把这三星人格化为三神:福神象征幸福,禄神象征官禄,寿神象征长寿。其中,寿星的形象很独特,是个慈祥的老爷爷,长长的白胡子,一手拄着拐杖,一手托着仙桃。在中国民间,老人过生日也叫过寿。人们称寿星是"南极老人",称过生日的老人为"老寿星"。

二、天地崇拜

在中国古代所有的信仰中,天与地是最神圣的。天神称为"皇天上帝",地神称为"后土",合称为"皇天后土"。中国人对天神的信仰和一些宗教里对上帝的信仰是完全不同的。人们把人间的皇帝看作天神之子,他受命于天,替天神管理天下万民,因此人间的皇帝也叫"天子"。当人间的统治者昏庸[13]腐败[14]时,天神就会用自然灾害或者异常的天象[15]暗示人间,人们说这是"天意"。"天意难违",指的是连皇帝也不能违抗天意。

拜祭天地是天子专属,在中国古代,只有皇帝可以祭祀天地。从最早的周天子,到中国最后一个皇帝宣统,他们都把祭天当作国家祭典之一。周礼规定,天子祭天叫"封",天子祭地叫"禅"。据说泰山离天最近,于是中国古代的历代帝王选中了泰山作为祭祀天地的地方。中国历史上有名的皇帝如秦始皇、汉武帝、唐玄宗等都到泰山举行过封禅[16]大典。明清时期,皇帝在都城北京修建祭坛,北京的天坛就是明清两朝皇帝祭天神的地方。

地神又叫土地神,与天神相对,是地上的最高神。人们信仰土地神,是因为土地能生长万物。早在周朝时期,人们就把代表土地的社神和代表五谷的稷[17]神合称为社稷神。祭典每年分春、秋两季举行,春季的祭祀叫春社,目的是祈求丰收;秋季的祭祀叫秋社,目的是感谢社稷神。社稷坛是王朝的象征,因此汉语里也用社稷代表国家。

北京的中山公园里现存明清朝代的社稷坛。坛是方形平台,里面是青、红、白、黑、黄五种颜色的土。坛的东方为青色,南方为红色,西方为白色,北方为黑色,中间为黄色,即用黄色土覆盖在其他四色土之上,代表国家五方大地,最上面的黄色象征皇帝的统治。

三、祖先崇拜

祖先崇拜并非中国独有的文化现象,但由于中国人习惯以农耕为主和聚族而居,所以人们对祖先崇拜的重视程度相对比较高。儒家的忠孝观念和礼乐制度又进一步强化了祖先崇拜的观念,并使其制度化。祖先神是民间信仰中最受重视的,特别是自己家的祖先。对自己来说,祖先是与自己有血缘关系,且辈分高于自己的人。自己和祖先的关系是两方面的:一方面没有祖先,就没有自己,所以自己对祖先有归属感;另一方面,自己是祖先的后代,祖先一定会尽力保护自己。因此,祖先是最可靠的、最好的守护神,是最该被供奉的对象。

在中国历史上,历代皇帝都有专门祭祀自己祖先的宗庙[18],民间每个家族也基本都有供奉本家祖先的宗祠[19](多称为祠堂)。几乎每个家庭都有祖先牌位,到了祖先的诞辰和忌日[20]或者逢年过节、家里有了重要大事等,都要焚香[21]祭拜以求保佑。祖先神灵在中国民间信仰的众多神灵中是最受重视的,接受的祭祀也是最多的。

除了自己的血缘祖先,民间信仰中的祖先神还有汉民族的始祖神:黄帝和炎帝。传说,黄帝和炎帝是中华民族的创始者和代表,被后世称为华夏始祖。后来中国的历朝历代,上至皇帝,下至普通人,无不认为自己是炎黄子孙。海外的华人也常常称自己是炎黄子孙。对炎、黄二祖的共同信仰,把居住在世界各地的中华儿女联系在了一起。

当代中国人对祖先神的信仰不是表现在修庙和祭祀上,而是扎根在心灵深处。这种信仰成为中华民族的凝聚力,成为中华儿女奋进的动力。

四、民间祥瑞与吉祥图案

世界上各个民族都有自己的祥瑞[22]动物和图案,这发端于远古时代人们崇拜的动物图腾[23]。中华民族的祥瑞动物,以龙、凤、麒麟(qí lín)和龟最为有名,人们称它们为"四灵"。其实,除了龟以外,另外三种动物都是传说中才有的，是人们自己想象和创造出来的。

龙被认为是中国最大的神物，也是最大的吉祥物。人们都很熟悉龙的形象，但是谁也没见过真的龙。传说中的龙长着牛头、鹿角、虾眼、鹰爪、蛇身、狮尾，全身覆盖着鳞甲，是由多种动物复合而成的。在人们的想象中，龙能在地上走，能在水中游，能在空中飞，充满了无穷的神力。几千年来，封建帝王把龙当作权力和尊严的象征，普通百姓也认为它是美德与力量的化身。因此，在古代中国到处可以见到龙的形象。在宫殿、寺庙的屋脊上，在皇家的用具上，处处有龙；民间百姓的活动有舞龙灯、划龙舟，给孩子起名也喜欢用"龙"字。作为"四灵"中最大的吉祥物，龙已经成为中华民族的象征，中华民族常常自称"龙的传人"。

凤凰头顶美丽的羽冠[24]，身披五彩羽毛，是综合了许多鸟兽的特点想象出来的瑞鸟形象。凤凰是传说中的"百鸟之王"，象征着吉祥、太平。凤和龙一样，被历代帝王当作权力和尊严的象征。凤冠、凤车等与凤相关的东西，只有皇家和"仙人"才可以使用。不过，随着历史的发展，凤凰也成为民间百姓的吉祥物。在中国传统的婚礼上，凤成了新娘礼服和头饰上的装饰，代表吉祥和喜庆。在民间传统的图案纹样中，凤凰也被广泛应用。

传说中的麒麟，身体像鹿，遍身披着鳞甲，头上长着独角，角上有肉球，脚像马蹄，尾巴像牛尾。麒麟代表仁善，历代皇帝都把它看作太平盛世的象征。在北京的故宫、颐和园等皇家园林里，到处都能见到麒麟的形象。另外，在中国还有"麒麟送子"[25]的传说，人们一方面用麒麟象征有出息的子孙，另一方面用来表示祈望早生贵子。

龟是"四灵"中唯一真实存在的动物，也是最长寿的动物。人们不仅把龟当成长寿的象征，还认为它有预知未来的能力。人们称龟为"神龟""灵龟"。龟在中国受到极大的尊重，古代帝王的皇宫里都有龟的雕像，象征国运永久。

在中国民间，还流行着许多含有吉祥意义的图案。每到年节或喜庆的日子，人们喜欢用这些吉祥图案装饰自己的房间和物品，以表示对幸福生活的向往，对良辰[26]佳节的庆贺。

中国的吉祥图案始于距今三千多年前的周代，后来在民间流传下来。今天，吉祥图案仍然是中国人生活中不可缺少的内容。

中国的吉祥图案内容极其广泛，比如"双喜"字，有双喜临门、大吉大利的意思，民间办喜事的时候就会贴上"双喜"字；"寿"字的字头经过加工美化，变成对称的图案，是长寿的意思；"福寿双全"是由蝙蝠（biān fú）和"寿"字组成的图案。"五福捧寿"的图案是五只蝙蝠环绕一个"寿"字或者一个仙桃。因为"蝠"字与"福"字同音，"蝙蝠"就是"遍福"，表示幸福长寿。两个"有"字组成的对称图案，意思是正着也有，倒着也有，在中国农村常用来贴在收藏谷物的器具上，表示人们丰收、富裕的愿望。

五、崇尚与禁忌[27]

在一定地域、一定历史条件下产生的民间文化，往往还包括很多迷信、崇尚、禁忌等元素。比如中国人喜欢红色而不喜欢黑色，即使是数字，在中国人眼中也有很多讲究。中国人认为这些吉利或者不吉利的事物，既包含着中华民族在特定历史阶段对自然万物的认识，也是中华民族思维方式、心理历程的一种体现。

在汉语里，数字不只是记数的符号，还包含着文化意义。数字的文化意义的产生和应用，是与中国古人对天地万物的认识相关的。比如"一"的含义不只是"一个"，还表示"完全""统一""一样"等。再比如"三"就是一个十分奇妙的数字，在实际生活中，有很多和"三"相关的事物，"三"的使用带有某些神秘的意味。例如：古代天子之下的最高领导称为"三公"，即司马、司徒、司空；国家军队的设置分上、中、下"三军"；在教育上，唐代称国子学、太学和四门学为"三学"；科举考试分为乡试、会试、殿试的"三试"，录取的人又被称为"三甲"；还有"三人行，必有我师焉""三人一条心，黄土变成金""三个臭皮匠赛过诸葛亮"等包括数字"三"的熟语。为什么有这么多"三"呢？这与中国古人对客观世界的认识有关。在远古社会，人们认为自然万物中以天、地、人为根本，天高覆万物，地厚载万物。因此，中国古人把天、地、人合称为"三才"。"三"的本意代表天、地、人。"三"因此隐含着完全、完美的意思。因此，中国人常用"三"来总结事物。

在方向和颜色方面，古代中国以南向、东向为尊，以黄色、红色为贵，这些崇尚观念与远古时代的日神崇拜和地神崇拜有关。这在中国古代的建筑、服饰中体现得非常明显。

在中国古代建筑中，在地形允许的条件下，一般正房、大门都是坐北朝南的。当然也有一个特例，就是北京天坛的斋宫，是朝东而居。为什么会这样呢？因为天坛是皇帝祭天时居住的地方，皇帝是天的儿子，儿子在父亲面前不敢坐北朝南，只好朝东而居。总的来说，古代南向和东向是尊贵的，北向和西向是地位低的，特别是西向被认为是不吉利的。因此，中国人常说"一命归西"，这里"西"和"死"的意义差不多。

颜色的崇尚和禁忌也是一样，黄色自古为尊，是皇家的专用色。红色则是显贵的标志，达官贵人的住宅大门是红色的，叫"朱门"，他们穿的衣服叫"朱衣"。红色还是喜庆的象征，结婚要贴红色"双喜"字，过节要挂红色灯笼，春节时贴红色对联，婴儿满月时吃红鸡蛋，等等。而白色则被认为是"凶色"，常常和死亡、葬礼联系在一起。

生词表

（1）五花八门（wǔ huā bā mén）：形容花样繁多或变化多端。

（2）灶神（Zào shén）：民间在锅灶附近供的神，认为他掌管一家的福祸财气。也叫灶君、灶王爷。

（3）门神（mén shén）：旧俗门上贴的神像，用来驱逐鬼怪。

（4）牛郎织女（Niú láng Zhī nǚ）：神话中的人物。织女是天帝的孙女，与牛郎结合后，不再给天帝织云锦，天帝用天河将他们隔开，只准每年农历七月七日相会一次。相会时喜鹊在银河上给他们搭桥，称为鹊桥。现多用"牛郎织女"比喻长期分居两地的夫妻。

（5）七夕（qī xī）：农历七月初七的晚上。神话传说，天上的牛郎织女每年在这天晚上相会。

（6）雷公（Léi gōng）：神话中管打雷的神。

（7）风调雨顺（fēng tiáo yǔ shùn）：指风雨适合农时。

（8）龙王（Lóng wáng）：神话中在水里统领水族的王，掌管兴云降雨。迷信的人向龙王求雨。

（9）天打五雷轰（tiān dǎ wǔ léi hōng）：天打雷轰，被雷电打死（多用于赌咒或发誓）。也说天打雷击、天打雷劈。

（10）诅咒（zǔ zhòu）：原指祈祷鬼神加祸于所恨的人，今指咒骂。

（11）挫折（cuò zhé）：失败；失利。

（12）坎坷（kǎn kě）：形容经历曲折，不得志。

（13）昏庸（hūn yōng）：糊涂而愚蠢。

（14）腐败（fǔ bài）：（制度、组织机构、措施等）混乱、黑暗。

（15）天象（tiān xiàng）：天文现象。

（16）封禅（fēng shàn）：古代帝王祭祀天地的大典，在泰山祭天称作封，在泰山下的梁父山祭地称作禅。

（17）稷（jì）：古代以稷为百谷之长，因此帝王奉祀为谷神。

（18）宗庙（zōng miào）：帝王或诸侯祭祀祖宗的处所。

（19）宗祠（zōng cí）：祠堂，在封建宗法制度下，同族的人共同祭祀祖先的房屋。

（20）忌日（jì rì）：忌辰，先辈去世的日子（旧俗这一天忌举行宴会或从事娱乐，所以叫忌辰）。

（21）焚香（fén xiāng）：烧香。

（22）祥瑞（xiáng ruì）：指好事情的兆头或征象。

（23）图腾（tú téng）：原始社会的人认为跟本氏族有血缘关系的某种动物或自然物，一般用作本氏族的标志。

（24）羽冠（yǔ guān）：鸟类头顶上的竖立的长羽毛，例如孔雀就有羽冠。

（25）麒麟送子（qí lín sòng zǐ）：是中国祈子风俗，流行于全国各地。中国民间认为麒麟是祥瑞的象征。传说积德之家，求拜麒麟可以得子。

（26）良辰（liáng chén）：指美好的日子。

（27）禁忌（jìn jì）：犯忌讳的话或行动。

练习与讨论

1. 中国的民间信仰有什么特点？
2. 请你描述你所知道的中国民间的神，比如门神、财神等。
3. 你在什么地方见过跟"龙"有关的东西或者图案？"龙"在中国象征

什么？你们国家的代表性动物是什么？有什么象征意义？

4. 红色在中国文化中是什么象征意义？你们国家的人喜欢什么颜色？为什么？

5. 你家有祭祀祖先的习惯吗？如果有，请你说一说祭祀的时间和方式。如果没有，请你想一想为什么。

6. 讨论题：对比中国和你们国家的吉祥图案。请你在网上搜索一些代表吉祥寓意的中国图案，说明其中一些图案形象与谐音的关系，表示的含义是什么。在你们国家，有哪些图案是表示吉祥好运的？

第六课　语言文字

导言　中国是一个多民族、多语言、多文字的国家，中国有56个民族，有80种以上的语言，约30种文字。国家通用的语言文字是汉语普通话和规范汉字。《中华人民共和国宪法》规定，国家推广全国通用的普通话，各民族都有使用和发展自己的语言文字的自由。《中华人民共和国国家通用语言文字法》规定，国家坚持推广普通话，推行规范汉字，少数民族语言文字的使用依据宪法、民族区域自治法及其他法律的有关规定。

汉语是中国也是世界上使用人数最多的语言，是联合国六种正式工作语言之一。汉语是中国汉民族的共同语，中国除占总人口90%以上的汉族使用汉语外，有些少数民族也转用或兼用汉语。现代汉语有标准语（普通话）和方言之分。普通话以北京语音为标准音，以北方话[1]为基础方言，以典范的现代白话文著作为语法规范。方言是汉语在各个地区的地域变体，中国地域广阔，汉语的方言众多。通常认为，汉语有十大方言，即官话方言、吴方言、闽方言、粤方言、客家方言等。现代汉语中各方言之间的差异表现在语音、词汇、语法各个方面，其中语音方面的差异尤为突出。

汉字是记录汉语的文字，已有五千年以上的历史，是全球使用时间最长且没有出现断层的文字，也是中国古人象形表意造字唯一传承至今并保存着丰硕文化成果的一种文字。当前使用的汉字由古文字逐渐演变而来，规范汉字是指经过整理简化的字和未经整理简化的传承字。

第六课　语言文字

中国语言文字中蕴藏着丰富的中国文化，它本身又是重要的文化事项和文化载体。

一、中国境内的语言文字

据研究，现代中国境内使用的语言种类至少有八十种。根据语言的亲疏程度，可归为汉藏语系、阿尔泰语系等几大语系。

汉语有普通话和方言的区别。普通话是以北京语音为标准音，以北方官话为基础方言，以典范的现代白话文著作为语法规范的通用语。方言是汉语在各个地区的地域变体，是汉语在社会发展过程中出现的程度不同的分化和统一的产物。中国地域广阔，汉语方言众多。一般认为，汉语有十大方言，即官话方言、晋方言、吴方言、徽方言、闽方言、粤方言、客家方言、赣方言、湘方言、平话土话。官话方言内部按照其语言特点又可以分为八个次方言，即东北官话、北京官话、冀鲁官话、胶辽官话、中原官话、兰银官话、西南官话和江淮官话。现代汉语各方言之间的差异表现在语音、词汇、语法各个方面，其中语音方面的差异尤为突出。

文字方面，中国奉行[2]多民族的语言文字政策。汉语普通话和规范汉字虽然被规定为国家通用的语言文字，但是它们并没有凌驾[3]于其他民族的语言文字之上。《中华人民共和国宪法》规定，各民族都有使用和发展自己的语言文字的自由。中华人民共和国成立后，政府更是采取一系列切实可行的措施保障民族语言文字工作的顺利进行：开展大规模的少数民族语言调查；不断扩大少数民族语言文字的自治权；在少数民族地区学校，凡有本民族通用语言文字的地方，实行双语教学；在中央和各少数民族地区，广泛建立少数民族文字出版、翻译机构，建立少数民族语言广播电台、电视台；大力培养少数民族语言文字人才。为推广和规范使用国家通用的语言文字，科学保护各民族的语言文字，中国更是于2015年启动了中国语言资源保护工程，利用现代化技术手段，收集记录汉语方言、少数民族语言和口头语言文化的实态语料，通过科学整理和加工，建成多媒体语言资源库。根据计划，中国语言资源保护工程将按统一的规范标准实地调查1500个点，包括汉语方言和少数民族语言，也包括濒危[4]的语言和方言，其中少数民族语言300个，汉语方言 900 个，濒危语言方言 200 个，语言方言文化 100 个。

二、汉语汉字的文化特征

语言文字与文化密不可分。语言文字是重要的文化事项，语言的产生是人区别于其他动物的本质特征之一，语言的诞生意味着人类文化的诞生，有了语言，才真正满足了人类社会交际的需要。文字的产生更是使人类交际突破了时间和空间的限制，大大提高了人们的信息传递能力。同时，语言本身是一种制度文化，语言系统是一种世代相传的社会惯例，言语行为是社团人群所需要遵守的社会行为，人们的言语交际行为必须符合社会管理规则，否则就会受到社会的指责[5]和干预[6]，而这些都是制度文化的主要特征。文字则是人类记录语言的一套书写符号，不同的文字体现了不同国家和民族书面表达方式和思维的不同。

语言文字又是物质文化、制度文化、精神文化的重要载体。人类创造的各种文化都会通过语言记录下来，语言成为反映文化面貌的一面镜子。语言对文化的反应首先表现在言语作品的内容上，文化的宝库或通过口耳相传，或通过文字记载，都以言语作品或历史文献的形式保存下来。

同时，语言系统本身也记录和反映着人类文化的面貌。人类文化的面貌反映在语言系统的各个层面当中。以语序[7]为例，我们只能说"男女""老少""父子""师生"，不能说"女男""少老""子父""生师"，这是社会伦理[8]观念在语言上的反映。再拿汉字来说，汉字是中文区别于其他语言的重要特征之一。汉字积淀[9]着中华民族的智慧，凝聚着中华民族的灵魂，记录和承载着中华民族的文明。不少汉字都蕴藏着中华民族的智慧、灵魂和文明。比如中国古代曾以贝壳作为货币来使用，许多与财货有关的字，如货、赠、财、资、贫、贵、贩、贷、购、赚等，其部首都是"贝"；再如囧(jiǒng)字，本义为"光明"，可随着网络语言的兴起，该字酷似尴尬[10]、无奈的表情符号，因此被赋予"郁闷、悲伤、无奈、尴尬、困窘[11]"之意，被广泛地运用于网络聊天、论坛等网络媒体中，如今该字大有被收入现代汉语通用语之势，这生动地体现了汉字的创造力。

语言还可以揭示历史有记载但与现状不符的文化。例如，中国古代有着悠久的象文化，但中国古代是否存在大象却并不为大众所熟知。东汉许慎在《说文解字》中解释"象"时是这么说的："象"，长鼻牙，南越大兽。分析"象"的甲骨文字形可以知道，"象"即人牵象劳作[12]的样子，这足以证明中国古代是有大象存在的。20世纪二三十年代，河南殷墟[13]考古[14]出土的大量象牙、象骨等文物，也进一步佐证了历史记载，说明野生亚洲象也曾活跃于黄河中下游地区。

三、汉语汉字的特点

世界上的语言有5000多种，其中汉语是使用人数最多的语言。与世界上其他语言相比，汉语具有自己的一些特点。

从语言的形态类型看，汉语总体上来说是词根语。词根语也叫孤立语，其特点是缺乏严格意义上的形态变化，语法意义主要靠语序和虚词[15]来表达，一个词语无论作为句子里的哪个成分，其词性都不发生变化。如汉语"他吃面条"："他"之所以是主语，是因为它在动词或谓语的前面；"面条"之所以是宾语，是因为它在动词或谓语的后面，它们并不存在主格和宾格的变化；"吃"也是如此，并没有因为前面是第三人称单数"他"就出现了性、数、格的变化，而是保持原来的词汇形式。

从语言的句法类型看，汉语总体来说属于一种SVO语言，句子的基本格局都是按照"主语—动词—宾语"的顺序排列。例如："我们学习汉语。"这个陈述句遵循"主语（S）—动词（V）—宾语（O）"的语序，"我们""学习""汉语"按照SVO的顺序排列。

从语音上看，与印欧语系、阿尔泰语系等相比，汉语是有声调的语言，其每个音节都有声调，且声调具有区别意义的作用，不同声调表示的意思也不相同。例如，"烟（yān）""盐（yán）""眼（yǎn）""艳（yàn）"的声调不同，意义也就有别。古代汉语有八个声调，阴平、阳平、阴上、阳上、阴去、阳去、阴入、阳入；现代汉语普通话中只有四个声调，阴平、阳平、上声、去声，轻声是各种声调在一定语境下的条件变体。从音节上看，一个汉字对应一个音节，只有儿化词如"花儿"等，是两个汉字读一个音节，一个音节构成一个语素或者词语。

汉字是记录汉语的符号系统,是中华民族的祖先在长期劳动实践中逐渐创造的产物。汉字是世界上最古老的文字之一,有着悠久的历史,是迄今为止世界上连续使用时间最长的文字。在世界上最古老的四大文字古埃及的圣书字、苏美尔人的楔形文字、中国的汉字、玛雅文字中,汉字是唯一至今仍保持使用的文字,当前使用的汉字是从古汉字逐渐演变而来的。有学者认为,汉字是维系中国南北长期处于统一状态的关键元素之一,也有学者将汉字列为中国第五大发明。

汉字具有形、音和义三者于一体的特性,这在世界文字中是独一无二的,也是汉字的一个重要特点,是使其焕发[16]出独特魅力的重要因素。汉字的形不是一幅毫无规律的图画,它由汉字、部件、笔画、笔形四个层次组成,汉字是最高层次,部件是中间层次,笔画是次低层次,笔形是最低层次。例如汉字"湖",它由"氵、十、古、月"四个部件构成,一共有"点、点、提、横、竖、竖、横折、横、撇、横折钩、横、横"十二个笔画。笔形例如"湖"的第三笔"提"需要从下往上写,其余都是从上至下、从左至右写。一方面,汉字的音可以依赖形声字,汉语里大约90%的汉字都为形声字,例如"湖"是形声字,由形旁"氵"和声旁"胡"构成,形旁"氵"表义,声旁"胡"表声,"湖"和"胡"都读"hú",不过因为汉字几千年的发展演变,加之语音古今变化很大,所以许多形声字并不能根据声旁读音;另一方面,汉字中也有不少象形、指事、会意字,它们的读音并没有什么规律可循[17]。因此,汉字的音总的说来是建立在识字的基础上的,如果不认识那个汉字,很难有把握知道那个汉字的音。汉字的义也不同于表音文字,表音文字可以做到"随文识音",即我们看到词语就可以读出音来,但并不知道它的意义。而汉字,我们可能不知道它的音,也可以了解它的意义。例如一个从未学过汉语的同学就可以把"日""月""山""水"这些汉字与图片连接起来,但如果没有教师的教授或者自己有意识地学习,也不知道它的意义。汉字是单音节的,一个汉字表示一个意义,但有时需要多个汉字才能表示一个意义,例如"蝴蝶""蜘蛛""葡萄""琵琶""枇杷""麒麟""凤凰""忐忑"等。

四、汉字传播与汉字文化圈

历史上，汉字曾给周边国家带去很大的影响。历史上周边不少国家受中国及汉文化影响，过去甚至现在都使用汉字，例如日本、朝鲜、越南等。它们曾共同使用文言文（日、朝、越称之为"汉文"）作为书面语，以利于两国之间的交流。我们将中国以及历史上受中国与汉文化影响的过去甚至现在使用汉字的东亚及东南亚等文化、地域相近区域，称作"汉字文化圈"。

"汉字文化圈"为"文化圈"的概念之一。日本学者西嶋定生认为"汉字文化圈"是以汉字为传意媒介、以儒家为思想伦理基础、以律令制为法政体制、以汉传佛教为宗教信仰的共同的价值标准。

在"汉字文化圈"中，各国历史上都使用过汉字，有的至今仍然在自己的文字系统中保留着一部分汉字，在它们的词汇中还都保存着大量汉语借词[18]。"汉字文化圈"的形成，对东亚、东南亚等国家和地区文字的形成产生了深远的影响。

五、汉字造字法"六书"

汉字的结构非常独特，看起来比较复杂，跟西方文字区别很大。那汉字是如何创造出来的呢？认识汉字的造字法，可以帮助我们快速记住汉字的结构，并能理解汉字的意思。造字法就是解释一个汉字是怎么创造出来的，它的结构是怎么样的。汉字主要有六种造字法，他们是象形、形声、指事、会意、转注、假借，也就是常说的"六书"造字法。其中，常见的造字法是象形、形声、指示、会意。我们可以将这四类造字法造出的字叫作象形字、形声字、指示字、会意字。这四类字最常见，数量也相对较多。其中，最早出现的汉字主要是象形字和指示字。下面我们介绍"六书"造字法。

1. 象形字

象形字，主要是用笔画线条来勾画出物体的形状，像简笔画一样，用最简单的笔画描绘出物体的形状。中国早期的文字——甲骨文多是象形字，后来象形字经过不断简化后更加简洁，笔画更少，也更加抽象[19]。象形字几乎都是独体字[20]，笔画比较少，它的意思比较容易理解，它的结构比较容易记住，比如人、日、月、山、水、羊。

2. 形声字

形声字至少由两部分组成。其中一部分就是我们常说的偏旁部首，由偏旁部首作为形旁，主要负责字的意思或者属性。另一部分是声旁，主要负责字的读音。声旁常用相同或者相似发音的字，比如清、故、晴、爸、妈、字。根据字体结构的不同，形声字又可以分为"左形右声"，比如材、冻、证、城；"右形左声"，比如攻、削、放、故；"上形下声"，比如管、爸、字、花；"下形上声"，比如架、案、想、梨；"外形内声"，比如固、病、庭、园；"内形外声"，比如问、闻、辫、辩；等等。

3. 指事字

指事字一般都是独体字，也就是只有一个部分组成。一些东西比较难以用图画象形的方式表达，就用比较抽象的符号来表达，或者在象形字上作画标注，以明确所指物品的特殊部位。比如"刃"字，就是在象形字"刀"的锋利处加上一点，做出标识，以指刀的特定部位；"上""下"两个字则是在主体"一"的上方或下方做出标识，以指示位置；另外，"一""二""三"则用简单的横线来表示。这些字均含有比较抽象的部分，用简单的象形字难以表达。

4. 会意字

会意字属于合体造字法，由两个或多个独体字组成，或者由一些独体字和偏旁部首组合成一个字，通过字形或者组合字义来表达该字的意思。比如"酒"字，以酿酒[21]用的器具"酉"和液体"水"合起来，表达"酒"字的字义，就是经过酿制的像水一样的液体；"解"字有剖、拆的意思，由"角""刀""牛"组合而成，就是用"刀"把"牛"和"角"分开，这样来表达这个字的字义；再比如，"鸣"字是指鸟的叫声，是由"口"和"鸟"组合而成的，意思是从鸟的口中发出来的声音。

5. 转注字

转注字最初是由两个意思完全相同的字组成，为了避免混乱而舍弃了一个字，舍弃的这个字的意思发生了转移。比如，"老"与"考"，在以前意思一样，都有年纪大的意思，现在只用"老"来表示这一层意思，不再用"考"，"考"的意思和用法已经发生了转移。

6. 假借字

假借字主要是指原来没有，但人们有使用需求，于是从现有的文字中选取某些同音字来记录的字。比如表示"没有谁，没有什么"意思的否定性代词，原来并没有为此专门造字，后来就用一个同音字"莫"来代替，而这个字也就成了否定代词。

六、汉字形体的演变

中国的汉字之所以能够延续使用数千年而没有消亡，是因为汉字本身在不断演变，不断根据社会的发展需要作出调整，如降低了书写和记忆难度，同时在艺术方面也有比较突出的表现。汉字字体在商周、秦、汉、唐有过几次比较大的演进，后来不断成熟完善。

1. 甲骨文

甲骨文是目前考古发现的中国远古时代最早的成熟文字，主要使用于三千多年前的商周时期。在中国古代早期，书写常用的笔和纸都还没有出现，人们只好用利器在龟甲和大块骨头上刻字。人们把考古发现的这一时期大量刻在龟甲和骨头上面的文字，称之为"甲骨文"。甲骨文以象形文字为主，但大部分字的结构比较复杂，跟现代文字区别较大，也难以辨识。

2. 金文

金文，又叫"钟鼎文"，是指铸造在青铜器上的一种文字，主要出现在三千多年前的商朝末期和周朝，一直使用到公元前 221 年，差不多八百年。在这一时期,青铜铸造技术已经比较发达,一些用于祭祀的钟和鼎[22]都由青铜铸造,在铸造的过程中,人们把一些重要的铭文[23]刻在上面,就是现在所说的钟鼎文。因为在周朝,人们把铜称作金,所以钟鼎文也叫作金文。

金文的字形结构近似于甲骨文,象形字较多,笔画和结构复杂,与现代文字形式区别较大,比较难辨识。这些文字,只有少数人能够掌握和书写,普及程度并不高。

3. 篆书

篆书通常指秦朝的小篆,也称为秦篆,主要由春秋战国时期的秦国使用。后来秦国统一了中国,在全国推广使用小篆,小篆也成为当时官方使用的书体。相较于甲骨文和金文,小篆更加注重章法[24],要求排列整齐,行笔圆转、线条匀称、字形修长,具有庄严美丽的风格。发生这一转变的一个重要因素就是毛笔的发明和改进。由此,书写工具有了很大的改进,字体、字形也相应发生了变化。作为当时的官书,小篆更多用于隆重场合,显得比较庄重,比如刻石记功、诏书[25]和兵符[26]。

秦时期的小篆,经过书法家的改进,笔画更加圆润,结构更加简约。虽然在汉朝以后,小篆已经不是官书文字,但依然被书法家们沿用,尤其是印章[27]文化的发展,使得篆书被普遍使用。

4. 隶书

隶书由秦时期的篆书演变而来。秦朝末年,开始出现篆书的简化字体;到了汉朝,隶书变得更为成熟,成为官方和民间使用的主要文体。隶书的出现,是中国文字史上和书法史上非常大的一次变革。

汉墓出土的文字均以隶书书写,而且书写载体中也出现了简牍[28]。毛笔的使用更加普遍,碑刻技术更加精湛[29]。隶书已经成为一种成熟的书法艺术,汉朝留下很多优秀的隶书书法碑刻,对后世书法影响巨大。

隶书,可以大致分为秦隶和汉隶。秦隶为秦朝时期出现的隶书,还有一些篆书的特点;汉隶是汉朝时演变得更加成熟的隶书。总体上看,隶书字形多呈宽扁状,横画长、竖画短,而且每个笔画的起笔均较浓重,每个字都会有一笔明显的力量变化，呈现出"蚕头燕尾""一波三折"(30)的特点。这一变化的出现也跟主要书写工具毛笔的普及和改进有很大的关系。

5. 楷书

楷书也称为"真书""正书"，是由隶书逐渐演变而来的，其字体结构和笔画更趋简化。楷书开始于东汉末年，由隶书的"一波三折"逐步演变出了点、撇、提、钩等一些新的笔画，字体形态也开始由扁平变为方正，法度严谨，规矩整齐，被称为字体中的楷模。楷书到唐朝时达到鼎盛，并一直通行至现代，成为现代人日常书写的文体，也是电脑汉字系统中的主要字体。楷书使用非常广泛，影响非常深远。

晋唐以后，楷书成为重要的官方文体，是中国古代各类重要命令、文书的主要文体形式，也是重要选拔考试的主要文体。同时，楷书也是寺庙、道观主要经文和匾额(31)的主要文体，以示庄严；还是官民婚丧嫁娶时楹联(32)、碑刻的主要文体。楷书的使用无处不在，对中国人的生活有着举足轻重的影响。

6. 行书

行书，是一种表现出多个笔画连续不断书写特征的字体。根据书写速度和笔画间牵连程度的不同，行书又分为行楷和行草两种。它在楷书的基础上发展而来，是介于楷书与草书之间的字体，是为了弥补楷书的书写速度太慢和草书的难于辨认而产生的。"行书"中的"行"有"行走"的意思，说明其是一种讲究速度和力度的字体，突出字体的变化。行书的书写速度较快，变化多样。行书的实用性和艺术性都比较高，它适应了人们在生活中快速记录和书写的需要，加上很多学者和著名书法家的努力，行书的书写达到了非常高的艺术成就。

7. 草书

草书作为一种特定字体，最早形成于汉代，也是由隶书演变而来的。古人为了快速书写的需要，简化了隶书中的一些笔画和结构，追求笔画连带，以提高书写速度，就形成了草书。到了晋唐时代，草书在文人圈内得到了进一步发展，笔画变化更加自由多样。但由于草书笔画连带，一些字形变化太大，难以辨识，所以没有能像隶书取代篆书、楷书取代隶书那样成为官方文体，使用也不如楷书、行书普遍。草书主要被文人和书法家们使用，是一种重要的书体和书法艺术。

生词表

（1）北方话（běi fāng huà）：长江以北的汉语方言。广义的北方话还包括四川、重庆、云南、贵州和广西北部的方言。北方话是普通话的基础方言。

（2）奉行（fèng xíng）：遵照实行。

（3）凌驾（líng jià）：高出（别人）；压倒（别的事物）。

（4）濒危（bīn wēi）：接近危险的境地，指人病重将死或物种临近灭绝。

（5）指责（zhǐ zé）：指摘；责备。

（6）干预（gān yù）：过问（别人的事）。

（7）语序（yǔ xù）：语言单位（指词或短语）按照一定规则组成的先后顺序。在汉语里，语序是一种主要语法手段。语序的变动能使词组或句子具有不同的意义，如"不完全懂"和"完全不懂"，"我看他"和"他看我"。也叫词序。

（8）伦理（lún lǐ）：人与人相处的各种道德准则。

（9）积淀（jī diàn）：积累沉淀。

（10）尴尬（gān gà）：处境困难，不好处理。

（11）困窘（kùn jiǒng）：为难。

（12）劳作（láo zuò）：劳动，多指体力劳动。

（13）殷墟（Yīn xū）：殷墟是商代后期都城的遗址，在今河南安阳小屯村及其周围。1899年在这个地方发现甲骨刻辞。

（14）考古（kǎo gǔ）：根据古代的遗迹、遗物和文献研究古代历史。

（15）虚词（xū cí）：一般不能单独成句，意义比较抽象，有帮助造句作用的词。汉语的虚词包括副词、介词、连词、助词、叹词、拟声词六类。

(16) 焕发（huàn fā）：振作。

(17) 可循（kě xún）：可以参照、遵守。

(18) 借词（jiè cí）：从另一种语言中吸收过来的词。

(19) 抽象（chōu xiàng）：不能具体经验到的；笼统的；空洞的。

(20) 独体字（dú tǐ zì）：不能拆分为两个或几个偏旁或部件的汉字结构的字。

(21) 酿酒（niàng jiǔ）：利用发酵作用制造酒。

(22) 鼎（dǐng）：古代煮东西用的器物，圆形，三足两耳，也有方形四足的。

(23) 铭文（míng wén）：器物、碑碣等上面的文字（大多铸成或刻成）。

(24) 章法（zhāng fǎ）：文章的组织结构。

(25) 诏书（zhào shū）：皇帝颁发的命令。

(26) 兵符（bīng fú）：古代调兵遣将的符节。

(27) 印章（yìn zhāng）：印和章的合称。

(28) 简牍（jiǎn dú）：古代书写用的竹片和木片。

(29) 精湛（jīng zhàn）：精深。

(30) 一波三折（yì bō sān zhé）：原指写字笔画曲折多姿，后形容文章结构曲折起伏，也形容事情进行中阻碍、变化很多。

(31) 匾额（biǎn'é）：上面题着作为标记或表示赞扬文字的长方形木牌（也有用绸布做成的）。

(32) 楹联（yíng lián）：挂或贴在楹上的对联，泛指对联。

练习与讨论

1. 汉语跟你们国家的语言相比，有什么样的特点？
2. 汉字在中国是怎样被创造出来的？作为一种古老的文字，它为什么可以延续几千年？
3. 汉语、汉字是怎么体现中国的文化特征的？
4. 请举例说明汉字的几种造字方法。

5. 分析一下你或朋友中文名字的每个汉字在结构和含义方面的特点。

6. 讨论题：有人说，汉字从甲骨文、金文到篆书、隶书、楷书、行书、草书的变化，一方面是因为书写工具发生了变化，另一方面是因为每种字体的书写材料也各不相同。请问你是怎么理解的？你认为还有其他的影响因素吗？

第七课　古代教育

导言　中国古代教育是辉煌灿烂的中国传统文化的一部分,是中国传统文化赖以延续和发展的基础,也是其不断创新的动力。中国传统文化是靠中国古代教育活动一代一代传递到今天的。

中国古代社会很重视教育,视教育为民族生存的命脉[1],早在四五千年以前就开始了有组织的教育活动。在中国古代,从乡村到朝廷[2],都十分重视教育。一方面,教师地位很高,提倡[3]全社会尊重教师。孔子之所以在中国古代具有很大的影响力,跟历代尊师的传统是分不开的。另一方面,中国古代社会强调读书的神圣[4]地位,引导全社会敬学,所谓"万般皆下品,惟有读书高"。这句话虽然包含着轻视农、工、商的局限性,但主要意思还是强调读书的崇高。

中国古代教育是人文[5]主义教育。它以做人为教育目的,注重教人以德行与智慧,而不是单纯地教知识。中国古代产生了很多著名的教育家,他们曾在漫长的中国历史上教育、感染了一代又一代的中国人,推动了社会的进步。由此,中国古代形成了比较系统的教育理论。

一、中国古代的学校教育

中国古代的学校最早是什么时候出现的呢?文字记载显示,中国在夏代就已经有了正式的学校，而有文物佐证的学校则以商代为最早，殷墟甲骨文里记载了殷商学校的名称。商周两代的学校教育，都是由国家来管理的，也就是古书里所说的"学在官府"，这是因为当时只有贵族子弟才能入学受教育。到了春秋时期，由于生产力的发展，整个社会的经济结构和政治结构都发生了变化，教育制度也随之发生了变化。

春秋时期，一些知识分子聚众讲学，宣传自己的思想和主张，于是私学产生了。孔子创办的私学在当时是规模最大的，且影响深远。孔子的儒学注重诗、书、礼、乐，同时重视德、文等的培养。当时除了儒学之外，还有墨学。墨学与儒学不同，墨学重视劳动技能的培养，同时也涉及对光学、力学等的研究。后来，儒学大兴，墨学渐渐没落。

孔子以后，官学和私学并重，形成了中国古代教育的双轨制度[6]。到了战国时代，随着经济和文化的发展，官学和私学都有了相当规模，教育管理也已形成完整的体制。

秦汉以后，为了培养统治阶级所需要的人才，国家采取"外儒内法"的文教政策，积极兴办学校。汉代的学校也分官学和私学，其中官学发展得尤其好。隋唐一统天下以后，加强了对学校教育的控制。隋朝建立了国子监[7]。国子监的职能相当于现代的教育部。唐代以后学校的体系更加完备了。

中国古代的学生要向教师行"束脩"[8]之礼。所谓"束脩"，就是学生与教师初次见面时敬奉的礼物。这种礼仪，相传从孔子时代就已经实行，到了唐代才成为明文规定。学生送给教师的礼物，其多少因人而异，目的是让师生的关系更加密切。

二、历史上的国子监

国子监是隋朝时建立的，在当时只是管理教育的一个部门。后来在发展演变的过程中，国子监与国子学合二为一。到了明代，国子监已经取代了国子学，既是管理部门，同时也是最高学府。到了清代，国子监取代太学，成为国家唯一的最高学府。

现在北京的国子监遗址，就是元、明、清三代最高学府的所在地，始建于1306年。国子监的东边是孔庙[9]，这就是中国古代社会规定的"左庙右学"。走进国子监的大门——太学门，经过琉璃⁽¹⁰⁾牌坊⁽¹¹⁾，就是国子监的主要建筑——辟雍殿。辟雍殿四周环绕着一个圆形水池，叫作泮水。其名称和建筑布局都沿用了周代大学的旧名和样子。每逢皇帝来讲学，国子监的官员和学生都要跪在泮水四周聆听⁽¹²⁾。

国子监的最高长官称为祭酒，习惯上叫作国子监祭酒，一般都是由学识渊博、声望较高的儒家学者担任。入国子监学习的学生叫监生。监生们学习的主要课程是程朱学派注释的"四书⁽¹³⁾五经⁽¹⁴⁾"等。

明清时期国子监的学生待遇非常好，衣、食、住都由国家负责，已经结婚的学生还可以拿钱养家人，尚未结婚的学生可以获赠钱作为婚礼费用，回家看望家人还发给路费，等等。当然，国子监的管理非常严格，上课、饮食、着装、请假、出入等都有严格的规定。

三、中国古代的书院

书院是中国古代教育的一种特殊形式，从宋朝到清朝末年，历经一千多年。书院的管理制度和教学方式与国子监等官学有很大区别，在中国教育史上产生过重要影响。

中国古时候的书院是从"精舍""学馆"发展来的，相当于现在的私立大学。最早的书院出现在唐朝贞观年间，而教育书院的兴起是在宋代初年。当时的宋王朝刚刚结束四分五裂⁽¹⁵⁾的局面，有很多问题需要解决，政府没有精力顾及文化教育问题。当时的国家从乱世走向统一，让很多读书人有了强烈的从政要求，他们希望通过读书获得功名。在这样的历史背景下，书院教育开始兴盛起来。

宋朝统治者看到这些书院虽然是民办的，但是解决了社会问题，培养的人才也是为政府服务的，于是从物资和政策两方面着手支持书院，这就形成了中国书院教育的第一个高峰期。这个时期出现了一些较大规模的书院，历史上称为"宋初四大书院"，但具体是哪四大书院，历史上的说法并不一致。史书上记载的宋初大书院一共有六个：石鼓书院、嵩（sōng）阳书院、岳麓（lù）书院、应天府书院、白鹿洞书院和茅（máo）山书院。这六大书院都因得到皇帝"御赐"而名扬天下。南宋是中国书院发展的第二个高峰期，历史上把当时影响较大的岳麓书院、白鹿洞书院、丽泽书院和象山书院称为"南宋四大书院"。

元朝以后，中央政府在燕京设立了太极书院，这是一所官办的书院。对民间的书院，元朝政府给予鼓励和支持，但是书院的管理者需要由政府委派。因此，元朝时书院也比较兴盛。元朝政府对书院的政策是一方面提倡鼓励，一方面加强管理和控制。

书院的教学内容与历代官学没有什么大的不同，但是因为书院是与宋代理学[16]密切相关的，所以都把研究和讲解理学作为其教学的基本内容。书院的教材是"四书五经"，辅助资料则是理学家们的著作。

现在，中国还保存着一些古代书院，它们是中国书院文化的历史实物，如白鹿洞书院、岳麓书院、嵩阳书院还保存良好。

四、古代家庭教育

与现代社会一样，古代家庭教育也是学校教育的补充。因为古代社会的学校教育不够发达，除了贵族子弟外，大多数普通百姓的子女很难入学就读，所以家庭教育就显得更重要了。中国许多历史人物的成长过程都说明家庭教育起了很大作用。

中国历史上有名的家庭教育的故事是"孟母三迁"。传说最开始孟子一家居住在墓地[17]附近。墓地里送葬[18]的人忙忙碌（lù）碌，每天都有人在那里挖坑掘土。孟子觉得很有意思，也学着他们的样子，拿着小锹或树枝挖坑玩。孟母一心想让孟子成为好读书、有学问的人，她感到这个环境实在不利于孩子的成长，就把家搬到了集市附近。

集市上人来人往，络绎不绝[19]，商人们纷纷高声叫卖着商品。孟子天天在集市上闲逛，对商人们的叫卖声最感兴趣，每天都学着他们的样子喊叫、喧闹[20]。孟母觉得这种环境对孩子也没有什么好影响。于是，孟母又搬到学宫附近居住。

学宫是国家兴办的教育机构，聚集着很多既有学问又懂礼仪的读书人。在学宫环境的熏陶[21]下，孟子也整天在家读书练礼。孟母非常高兴，认为这是个适宜教育孩子的环境，就定居下来了。这就是"孟母三迁"的故事。

从历史记载来看，中国最早的家庭教育始于西周，但是系统的教育思想的形成却是从孔子所在的时代开始的，可以说孔子是家庭教育的鼻祖[22]。汉代以后，由于儒学的特殊地位和影响，一般家庭都把诗礼之教作为家庭教育的基本内容，把忠、孝作为家庭教育的基本要求。旧时家庭教育的启蒙教材是《三字经》、《千字文》和《百家姓》。

南北朝末年，中国出了一位教育家叫颜之推，据说他是孔子的学生颜渊的后代。颜之推博览群书，学识渊博，非常重视家庭教育。他搜集历代家庭教育的故事，结合自己的教育实践，写了一本书叫《颜氏家训》。《颜氏家训》是中国最早的家庭教育专著。这本书的内容涉及古代家庭教育的方方面面，其精华部分对中华民族的文化心理起过积极的作用，其中有关尊老爱幼、勤奋学习、节俭朴素等内容，至今仍有积极意义。

五、科举制度

科举制度是中国历史上延续时间最长的制度之一。科举制度是封建社会选拔人才的一种手段，也是古代教育的一部分，自始至终与教育分不开。科举制度选拔人才的标准并不是考察一个人解决问题的实际能力，而是考查其对儒家经典的理解程度。换句话说，科举制重视的不是一个人的才干，而是文才。

科举制度是一种历史现象，它的产生是有深刻的历史原因的。中国古代社会一直非常重视选拔人才。在隋唐以前，人才的选拔一直受到人们出身的限制，对很多出身低微[23]的知识分子来说，上升的路很狭窄[24]。到了隋唐，朝廷开始采用考试的方式选拔人才，基本做法是设立科目，以考试举士，因此这一方法叫"科举"。科举制度的实施，是中国古代用人制度的历史性变革，它彻底打破了以往按出身用人的标准，为底层知识分子提供了实现政治理想的机会。

到了明清，科举制度更加成熟，分为三级考试：乡试[25]、会试[26]和殿试[27]。因为考中进士[28]时发的榜单用金榜，所以考中进士也叫"金榜题名"。殿试由皇帝亲自主考，分三甲录取：一甲即第一名，为状元[29]；二甲即第二名，为榜眼[30]；三甲即第三名，为探花[31]。

科举制打破了出身限制，为国家提供了更多的人才，也给底层知识分子提供了参与管理国家和施展才能的机会，这些是科举制积极的一面。尽管科举制存在一些弊端[32]，并且在发展过程中产生了许多腐败现象，但是科举制跟以前的人才选拔制度相比，更公平、公正和公开，它是用人制度的进步，对日本、韩国、越南，甚至是欧洲的文官制，都产生了影响。

六、古代教学思想

中国古代教育家们积累和总结了丰富的教学经验，提出了很多有价值的思想见解。这些思想不但在古代难能可贵[33]，在今天也依然具有现实意义，是中国传统教育的精华，也对世界教育思想有着重大贡献。

因材施教是公认的优秀教学思想之一。中国古代教育家孔子注意观察和了解学生，针对学生不同的性格特点采用不用的教育方法，而不是千篇一律[34]地说教。在《论语》中有这样一段记载：学生子路和冉有问过老师孔子同一个问题，但是孔子的回答却不一样。公西华问孔子为什么同样的问题回答得却不一样，孔子说因为提问的两个人性格不同，所以回答得不同。这就是因材施教。中国古代的教育家认为学生的个性是存在差异的，每个学生的天赋、性格都不一样，因此教学方法也要因人而异。他们反对用同一个模式去束缚[35]学生，主张通过教育发展每个学生的个性。

中国古代教育家普遍重视循序渐进[36]的教学原则。学习本身是不断实践的过程，只有反复学习、实践，才能牢固地掌握所学的知识；只有对所学的知识熟练了、理解了，才能举一反三[37]。学习需要温故知新[38]，教学需要循序渐进。教学是一个自然发展的过程，毕竟知识的积累、智力的增长都是循序渐进的。在处理学习和思考的关系上，中国古代教育家多主张学和思结合，学和思同样重要。孔子说"学而不思则罔，思而不学则殆"，这就阐明了学和思的关系。

中国古代教育家根据自己教育实践的经验，对教师提出了多方面的要求：如"以身作则"[39]"言传身教"[40]等，"人师"标准不仅是传授知识，更要求为人师表；同时，还提倡学生尊敬教师，教师关爱学生，建立良好的师生关系。中国古代教育中尊师爱生的传统，为后世所称道[41]和借鉴。

第七课　古代教育

▶ 生词表

（1）命脉（mìng mài）：生命和血脉，比喻关系重大的事物。

（2）朝廷（cháo tíng）：君主时代君主听政的地方。也指以君主为首的中央统治机构。

（3）提倡（tí chàng）：指出事物的优点鼓励大家使用或实行。

（4）神圣（shén shèng）：极其崇高而庄严；不可亵渎。

（5）人文（rén wén）：指强调以人为主体，尊重人的价值，关心人的利益的思想观念。

（6）双轨制度（shuāng guǐ zhì dù）：指两种不同体制并行的制度。

（7）国子监（guó zǐ jiàn）：我国封建时代最高的教育管理机关，有的朝代兼为最高学府。

（8）束脩（shù xiū）：捆成一捆（十条）的干肉，是古时学生送给老师的报酬。

（9）孔庙（kǒng miào）：纪念和祭祀孔子的庙。

（10）琉璃（liú lí）：用某些矿物原料烧成的半透明釉料，常见的有绿色、蓝色和金黄色等，多加在黏土的外层，烧制成缸、盆、砖瓦等。

（11）牌坊（pái fāng）：形状像牌楼的构筑物，旧时多用来表彰忠孝节义的人物，如功德牌坊、贞节牌坊。

（12）聆听（líng tīng）：听。

（13）四书（Sì Shū）：指《大学》《中庸》《论语》《孟子》四种书，是儒家的主要经典。

（14）五经（Wǔ Jīng）：指《易》《书》《诗》《礼》《春秋》五种儒家经书。

（15）四分五裂（sì fēn wǔ liè）：形容分散、不完整、不团结。

（16）理学（lǐ xué）：宋明时期的一种哲学思想。主要有以周敦颐、程颢、程颐、朱熹为代表的客观唯心主义和以陆九渊、王守仁为代表的主观唯心主义。前者认为"理"是永恒的、先于世界而存在的精神实体，世界万物只能由"理"派生。后者提出"心外无物，心外无理"，认为主观意识是派生世界万物的本原。也叫道学。

(17) 墓地（mù dì）：埋葬死人的地方；坟地。

(18) 送葬（sòng zàng）：送死者遗体到埋葬地点或火化地点。

(19) 络绎不绝（luò yì bù jué）：（人、马、车、船等）前后相接，连续不断。

(20) 喧闹（xuān nào）：喧哗热闹。

(21) 熏陶（xūn táo）：长期接触的人或事物对人的生活习惯、思想行为、品行学问等逐渐产生某种影响（多指好的）。

(22) 鼻祖（bí zǔ）：始祖，泛指创始人。

(23) 低微（dī wēi）：（身份或地位等）低下。

(24) 狭窄（xiá zhǎi）：宽度小。

(25) 乡试（xiāng shì）：明清两代每三年在省城举行一次的科举考试，考中的人称举人。

(26) 会试（huì shì）：明清两代每三年在京城举行一次的科举考试，由各省举人参加。

(27) 殿试（diàn shì）：科举制度中最高一级的考试，在皇宫内大殿上举行，由皇帝亲自主持。

(28) 进士（jìn shì）：科举时代称会试考取后经过殿试的人。

(29) 状元（zhuàng yuan）：科举时代的一种称号。唐代称进士科及第的第一人，有时也泛称新进士。宋代主要指第一名，有时也用于第二、三名。元代以后限于称殿试一甲（第一等）第一名。

(30) 榜眼（bǎng yǎn）：科举时代的一种称号。明清两代称殿试考取一甲（第一等）第二名的人。

(31) 探花（tàn huā）：科举时代的一种称号。明清两代称殿试考取一甲（第一等）第三名的人。

(32) 弊端（bì duān）：由于工作上有漏洞而发生的损害公益的事情。

(33) 难能可贵（nán néng kě guì）：难做的事情居然能做到，值得珍视。

(34) 千篇一律（qiān piān yī lǜ）：指诗文公式化，泛指事物只有一种形式，毫无变化。

(35) 束缚（shù fù）：指受到约束限制；使停留在狭窄的范围里。

(36) 循序渐进（xún xù jiàn jìn）：（学习、工作）按照一定的步骤逐渐深入或提高。

(37) 举一反三（jǔ yī fǎn sān）：从一件事情类推而知道许多事情。也说一隅三反。

(38) 温故知新（wēn gù zhī xīn）：温习旧的知识，能够得到新的理解和体会。也指回忆过去，认识现在。

(39) 以身作则（yǐ shēn zuò zé）：用自己的行动做出榜样。

(40) 言传身教（yán chuán shēn jiào）：一面口头上传授，一面行动上以身作则，指言语行为起模范作用。

(41) 称道（chēng dào）：称述；称赞。

练习与讨论

1. 中国古代教育的特点是什么？你知道孔子在教育方面的贡献吗？
2. 中国古代的科举制有什么特点？
3. 中国古代书院的特点是什么？
4. 你知道中国古代关于教育的名言吗？分析中国传统教育思想对中国现代教育的影响。
5. 你对中国古代尊师爱生的传统有什么看法？你认为什么样的老师是好老师？
6. 讨论题：谈谈孔子学院对传播中国文化和促进世界文化交流的意义。

第八课　古代文学

导言　中国古代文学是中国文化中最有活力、最灿烂辉煌的一部分。在历史发展的长河中，中国古代文学蕴含(1)了中华文化的基本精神，体现了中国人的美学追求，承载了中华民族的理想信念，表现出自己独特的个性和风采。

中国文学从《诗经》算起来已经有三千多年的历史，这期间，涌现出许多古今闻名的文学家和不朽(2)的文学作品。从远古神话到唐诗宋词、明清小说，各种文学形式精彩纷呈(3)，每一种文学体裁都有其独特的表现方式和特点，它们的兴衰变化与朝代的更迭(4)有密切的关系，由此形成了"一代有一代之文学"的基本格局。

中国古代文学的观念以儒、道两家为主。儒家注重文学的社会功能，主张"文以载道"(5)。我们可以看到，在儒家思想的影响下，很多作家常用诗歌、散文等体裁来表达忧国忧民的情怀和政治理想。道家注重文学的审美价值，主张自由抒写性情。我们可以看到，在道家思想的影响下，一些作家在遇到挫折时，常用词曲、小说体裁表现旷达(6)潇洒(7)的人格、独善其身(8)的生活方式。在儒、道思想的影响下，中国文学自始至终体现了关注现实和人生的伟大精神，具有强烈的抒情色彩。

一、远古神话

中国的远古神话,是原始社会人们面对周围这个充满未知的世界,以丰富的想象所构筑的一个既遥远又神秘的世界。

中国的远古神话是原始先民集体创作的,它们经历了口头流传的漫长岁月,直到文字发明以后才被记载下来。中国的远古神话与创世神话、始祖神话密切相关,内容多反映远古社会丰富多彩的历史内容,有解释世界起源的盘古开天辟地[9]、女娲造人、女娲补天等,有反映人类与自然作斗争的后羿(yì)射日、夸父追日[10]等,有歌颂献身精神和人的力量的仓颉(jié)造字、大禹治水等。

女娲补天讲的是在远古时候,天空忽然崩塌,出现了一个大洞,大地上洪水泛滥,猛兽横行,人类面临巨大的灾难。这时,人类的母亲女娲挺身而出,炼出五彩石修补天空,天地重新恢复了平静,人们又过上了幸福的生活。

大禹治水讲述了鲧[11]、禹父子两代治理洪水、拯救人类的故事。故事讲的是在远古时候,大地被洪水淹没,鲧偷了天地的宝贝"息壤"——一种能自己生长的土,去堵塞洪水,但是他用这种拦截的方法治理洪水没有成功。三年后,禹从鲧的肚子里跳出来,继承父亲的事业,继续治水,他采用的是疏导的方式。禹治理洪水的八年之中,三过家门而不入,终于疏通了河道,平息了水患,使洪水流进了大海。

这些美丽动人的神话,反映了远古先民对自然现象的认识及其征服自然的愿望,体现了中华民族祖先不怕困难,英勇顽强与自然灾害作斗争的伟大精神。远古神话中的英雄精神鼓舞了世世代代的中国人。

充满着原始浪漫主义色彩的远古神话对中国文学的发展影响很大,可以说是中国文学的源头。后世的许多著名作家都从古代神话中吸取营养,创作出了优美动人的文学篇章。

二、民间传说

中国的神话和传说很早就在民间以口头形式流传,后来又形成了文字记录。四大民间传说，是指在中国民间以口头、文字等形式流传最为广泛、影响最大的四个爱情传说：牛郎织女、孟姜女哭长城、梁山伯与祝英台、白蛇传。

牛郎织女的传说起源于《诗经》，后来发展为人间的放牛郎和天上的仙女相识、结婚、生子，最后被迫天人远隔的故事。牛郎和织女只能站在银河[12]的两端遥遥相望。两人之间真挚的爱情感动了喜鹊[13]，每年农历七月初七，会有成千上万只喜鹊飞来，在银河上架起一座长长的鹊桥，让牛郎和织女一家团聚，共叙相思。农历七月初七也成了现在许多情人约会、互赠礼物、表达爱慕的日子，可以说是中国的情人节。据说这一天，如果坐在葡萄架下静静地听，还会听到他们一家在鹊桥上亲热地说着悄悄话呢。

孟姜女哭长城讲的是秦始皇时期劳役[14]繁重，许多青年劳力被迫去修建长城。当时，青年范喜良刚和孟姜女结婚三天就被迫去修建长城，不久因饥寒劳累而死，被埋在长城下。孟姜女历尽千辛万苦来到长城寻找范喜良，得到的却是丈夫死亡的噩耗[15]。孟姜女在长城上哭了三天三夜，把长城哭塌了一段，露出了范喜良的尸体。孟姜女安葬了丈夫后绝望地跳海自尽了。

梁山伯与祝英台的传说，又称梁祝，是在世界上产生了广泛影响的中国民间传说，也是中国最具魅力的口头传承艺术及国家级非物质文化遗产。梁祝呈现了一段凄美的爱情。出身富裕家庭的祝英台反抗封建社会对女子的不公平和束缚，女扮男装与男子一起读书，同时又打破了门当户对[16]的婚姻观念，爱上了同窗[17]三年的平民青年梁山伯，努力为自己争取婚姻自由。然而祝英台的反抗最终失败了。梁祝的爱情感动了天地，最终二人化为蝴蝶，翩翩[18]飞舞。梁祝的故事诠释[19]了古代年轻男女追求真爱的勇气，反映了人们对包办[20]婚姻的痛恨和对自由幸福生活的渴望。

白蛇传描述的是一个修炼成人形的"蛇妖"与人之间的曲折爱情故事，故事包括西湖借伞、白娘子盗仙草等情节。白蛇传塑造了一个美丽、善良、坚强的"蛇妖"形象，歌颂了美好的爱情。

除了四大民间传说，中国还有一些家喻户晓的动人传说，木兰从军就是其中的典型代表。它讲述了花木兰女扮男装替父出征，最终得胜归家的故事。这个故事充满传奇色彩，表达了劳动人民"谁说女子不如男"的朴素思想，也歌颂了中国社会认同的孝道、忠君、爱国的思想。木兰从军的故事不仅为诗歌、散文所记录，其中女扮男装的情节还被很多小说、戏剧所化用，影响深远。

三、寓言和成语

先秦时期是中国历史上百家争鸣的时期，各家学派为了形象生动地阐述哲学思想，常采用比喻性的故事或者拟人[21]等手法来说明意味深长的道理，或者进行讽刺、劝诫[22]。因此，本来产生于民间的寓言故事就进入了各个思想流派的著作当中，成为一种文学样式。

中国有很多著名的寓言，如愚公移山、自相矛盾等。愚公移山讲的是愚公不畏艰难想要搬走门前两座大山，最终感动天地的故事，反映了人们改造自然的勇敢和魄力[23]，歌颂了自强不息[24]、迎难而上、坚持不懈的斗争精神。这些篇幅短小、寓意深刻的寓言故事后来也成为成语的主要来源，丰富了中文的语言表达，使得人们可以通过简短而深刻的成语，传递丰富的道理和哲理。

随着不断流传，上古的一些神话传说逐渐演变成一则则寓言故事而被记载在众多的先秦史籍中，成为先秦寓言重要的组成部分。此外，先秦寓言中还有一些历史传说以及时人创造、虚构的故事。历史传说在《韩非子》中用得最多，故其有一定的史料价值。

先秦时代诸子散文、史传著作中的寓言故事，原为著述中的论证手段，它们并不独立，但具有高度的文学性，且逐渐独立流传，脍炙人口[25]，对后世文学产生了深远的影响。寓言以虚构为手段设置故事情节，对小说创作有着重要的启发。寓言的题材也常常为后世小说所继承。先秦的寓言故事与小说有着紧密的联系，对小说的形成有着重要的贡献。

四、《诗经》

《诗经》是中国第一部诗歌总集。《诗经》记录了从西周初年到春秋中叶大约五百年间的诗歌作品，共计305首。相传，周代的采诗官经常到民间收集诗歌，当时也有官员们向天子献诗的制度。这些诗歌经过乐官的整理编订后，形成了这部诗歌总集。据说《诗经》中的诗，在当时都是能演唱的歌词。

《诗经》最初叫《诗》或者《诗三百》，后来，孔子把《诗三百》作为教科书传授给弟子。汉代以后又被称为《诗经》。

《诗经》内容丰富，很多作品都真实地描写了当时的社会风貌，其中表现青年男女爱情、婚姻生活的特别多。除此以外，有的诗歌描写了下层人民的劳动生活，有的反映了人民反抗压迫、追求自由幸福的愿望，有的表达了战争造成的苦难。《诗经》在形式上以四字句为主，语言清新，音韵和谐，风格朴素，朗朗上口。

"彼采葛兮，一日不见，如三月兮！彼采萧兮，一日不见，如三秋兮！彼采艾兮！一日不见，如三岁兮！"这首诗名叫《采葛》，表达了一位男子思念情人的焦急心情。诗的大意是：那采葛的姑娘啊，只要一天没看见，如同相隔三个月！那采蒿的姑娘啊，只要一天没看见，如同相隔三个季。那采艾的姑娘啊，只要一天没看见，如同相隔了三年！成语"一日不见，如隔三秋"就是由此而来的。

"风""雅""颂""赋""比""兴"合称《诗经》的"六义"，前三者是按照音乐曲调区分的，后三者是表现手法。"风"是国都之外黄河流域十五个地区带有地方色彩的音乐；"雅"是国都之乐，也是典范的音乐；"颂"是专门用于宗庙祭祀的音乐。"赋"是铺陈和陈述，"比"是比喻，"兴"是先言他物以引起所咏之辞。它们对后世的中文修辞手法，如比喻、象征等都产生了重要影响。

《诗经》不仅是研究周代社会的一面镜子，也是中国诗史的光辉起点，是中国诗歌的源头。它所取得的思想和艺术成就，对后世诗歌的发展产生了巨大而深远的影响。

五、乐府民歌

乐府原指汉代的一种音乐机构，它的职责是收集文人诗和民间歌谣，并配上音乐。后来，由乐府收集、编制的诗也被称为乐府。汉乐府中的精华是汉乐府民歌。

"江南可采莲,莲叶何田田。鱼戏莲叶间。鱼戏莲叶东,鱼戏莲叶西,鱼戏莲叶南,鱼戏莲叶北。"这首《江南》是汉乐府民歌的代表作,表现了江南百姓人家水上采莲的生动情景和劳动时的愉快心情。诗的大意是:江南水上的莲蓬(26)到了可以采摘的季节,水里长满了莲花、荷叶,小鱼儿在莲叶间自由地游来游去。全诗质朴无华、读来朗朗上口,洋溢着浓郁的生活气息。

汉乐府民歌大多是叙事诗,这些诗真实地表达了人们的喜、怒、哀、乐。有的反映了底层劳动人民的穷困生活,有的揭露了战争给人们带来的痛苦,有的表现了反对封建婚姻、追求美好爱情的愿望,有的揭露了贵族的腐朽生活和社会的黑暗。

《孔雀东南飞》是汉乐府中最有名的诗篇,也是中国历史上第一部长篇叙事诗,它生动地叙述了一个封建家庭的爱情悲剧故事。聪明、美丽、善良的女子刘兰芝和自己喜爱的男子焦仲卿结婚后,夫妻互敬互爱,感情深厚。但是,焦仲卿的母亲却狠毒地拆散了他们。刘兰芝、焦仲卿双双自杀殉情(27),变成了一对永不分离的鸳鸯(28)。从此,鸳鸯这种鸟也成了坚贞爱情的象征。通过刘兰芝、焦仲卿的悲剧,这首长诗控诉了封建礼教、家长统治的罪恶,表达了青年男女追求婚姻自由的愿望和决心。

汉乐府民歌具有浓厚的生活气息,真实地反映了社会现实,有着伟大的艺术成就,对后世诗歌的发展产生了直接和深远的影响。

南北朝民歌是汉乐府民歌之后出现的又一批具有鲜明特色的民歌。南朝民歌大多是情歌,反映了人们真挚纯洁的爱情。这一时期的民歌多数是从女子的口中唱出,更显得清丽婉转(29),如《西洲曲》。南朝民歌多为五言四句,歌句清新自然,喜欢用双关(30)语,这与江南优美的自然环境和富裕的经济条件有着直接的关系。保留到今天的南朝民歌大约有500首。

北朝民歌大部分是北方少数民族创作的。这些民歌从多方面反映了北方各民族的社会面貌。北朝战争频繁,因此民歌中反映战争的作品比较多。长篇叙事诗《木兰辞》是北朝民歌中最杰出的作品。《木兰辞》塑造了一个女扮男装、代父从军、勇敢聪慧而又品格高尚的巾帼(31)英雄花木兰的形象。这在重男轻女的封建社会具有特殊的意义。这首诗深受人们的喜爱。木兰从军的故事还被搬上了银幕、舞台,一直流传到今天。南北朝民歌对唐朝诗人的诗歌创作有着很大的影响。

六、唐诗

唐代文化是中国文化的一个高峰。唐代诗歌是唐代文学的代表，也是中国古典文学繁荣和成熟的标志之一。在唐代三百余年的历史中，产生的流传于后世的诗歌就有48 900多首。如此丰富的作品也使2300多位诗人在历史上留下了他们的名字。在创作方法上，唐诗实现了现实主义和浪漫主义并举；在创作形式上，唐诗有五言绝句、七言绝句和律诗，还创造了优美整齐的近体诗。

唐代最著名的诗人是李白和杜甫，他们都是享有世界声誉的诗人，后人将他们合称为"李杜"。

李白是一位热情奔放、才华横溢[32]的诗人，他继承和发扬了中国诗歌的浪漫主义传统，被人们称为"诗仙"。他的诗歌豪迈奔放，想象奇特，热情地歌颂了祖国的壮丽河山。李白的诗歌保留到现在的有990首，其中《将进酒》《蜀道难》《望庐山瀑布》等名诗，被人世代传颂。

杜甫继承现实主义传统，被后人尊为"诗圣"。他年轻时游历过许多名胜古迹，后来的生活曲折、经历坎坷，使他对人民的苦难感同身受。他在诗歌中深刻地反映了人民生活的疾苦。杜甫的诗歌保留到今天的有1400多首，其中著名的有《春望》《兵车行》以及"三吏""三别"等。

除了李白、杜甫以外，唐代的著名诗人还有王维、白居易、李贺、李商隐、杜牧等。直到今天，唐诗仍然是人们所喜闻乐见[33]的。许多诗篇连儿童都能背诵，如《静夜思》《春夜喜雨》等。"欲穷千里目，更上一层楼""黄河之水天上来"等名句，经常被人们引用。唐诗的普及读本《唐诗三百首》，更是受到了中外读者的欢迎。在今天的中国，还流行"熟读唐诗三百首，不会写诗也会吟"的口头禅[34]，可见中国人对唐诗的热爱。

七、宋词

词，是古典诗歌的一种。词的名称很多，因为它可以配乐歌唱，所以也叫曲子词；又因它的句子长短不齐，也被称为长短句。这些名称说明了词与音乐的密切关系及其与传统诗歌的不同之处。词有很多种调名，叫作词牌，如"西江月""满江红""如梦令"等。

词作为一种新体诗歌，在宋代发展到了鼎盛[35]时期。宋词是宋代文学的代表，也是中国诗歌发展的另一个高峰。宋词与唐诗一样，在中国文学史上占有相当重要的地位。宋词与唐诗的区别在于宋词长于描写内心的情感，有"诗之境阔，词之言长"的说法。宋时共有词人1300多人，词作20 000多首，产生了苏轼、李清照、辛弃疾、陆游等众多杰出的词人。

苏轼的词具有热情豪放、清新流畅的特点。他的词作内容十分广泛，有的抒发了报国的壮志，有的描写了农村的景象，有的写出了离愁别恨。

李清照是宋代杰出的女词人。她的词作清新精巧，满怀真情，有的表达了对爱情的理解和追求，有的描写了春花秋月的变化对人的影响，有的表现了国破家亡带来的人生苦难。像"知否？知否？应是绿肥红瘦""此情无计可消除，才下眉头，却上心头"等优美动人的词句，表现了李清照出众的才华。

辛弃疾是宋代词作最多的词人。他的词大都洋溢着豪迈的英雄气概，如"醉里挑灯看剑，梦回吹角连营""青山遮不住，毕竟东流去"等千古流传的词句，不仅描写了豪壮的军旅生活，也抒发了他坚持抗金的决心和激昂的爱国之情。辛弃疾的词大大地拓展了宋词的思想内容和艺术风格。

直到今天，宋词仍然受到人民大众的喜爱，《宋词三百首》是许多家庭必备的读物，很多有名的词作还被重新谱曲，并广为传唱。

八、四大名著

明清时期文学的代表形式是小说。根据语言形式，小说可以分为文言[36]和白话[37]两类；根据篇幅，小说可以分为长篇和短篇。其中，影响最大的是白话长篇小说（也称章回体小说），杰出的代表作品有四大文学名著《三国演义》《水浒传》《西游记》《红楼梦》。如今，这些享有世界声誉的作品已被改编成影视剧，受到中外观众的喜爱。

《三国演义》是中国第一部完整的长篇历史小说。作者罗贯中是元末明初人。他根据历史记载和民间流传的三国故事创作了这部小说。《三国演义》主要描写了魏、蜀、吴三个政权之间在军事上、政治上的种种斗争,反映了当时动乱的社会现实。书中塑造了许多不同性格的人物,如神机妙算[38]的诸葛亮、奸诈[39]多疑的曹操、忠勇的关羽、鲁莽[40]的张飞等,给人留下了深刻的印象。

英雄传奇小说《水浒传》的作者施耐庵是元末明初人。他根据史书、话本、杂剧、民间传说中的水浒故事等加工创作了这部小说。书中成功地塑造了108位英雄的形象,歌颂了他们的斗争精神。其中,"武松打虎""鲁智深倒拔垂杨柳"等片段,至今令人百读不厌。

《西游记》是一部著名的长篇神话小说。明代吴承恩根据唐僧取经的相关故事和传说,创作了这部小说。小说描写了孙悟空、猪八戒、沙和尚等保护唐僧去西天取经的故事。小说里的师徒四人个性鲜明,其中最吸引读者的形象是孙悟空,他机智勇敢、本领高强,敢于反抗天神和妖魔,深受人们喜爱。这部小说充满了奇特的幻想,表现出丰富的艺术想象力,在中国影响极大。

《红楼梦》原名《石头记》,作者是清代文学家曹雪芹、高鹗。这部小说通过贵族青年贾宝玉和林黛玉的恋爱悲剧,以贾、史、王、薛四大家族的兴衰为背景,揭示了封建社会必然崩溃的历史发展趋势。书中塑造了400多个栩栩[41]如生的人物,内容丰富多彩。整部小说情节生动,语言优美,是中国古典小说创作的最高峰,在世界文学史上也占有重要的地位。

生词表

(1) 蕴含(yùn hán):包含。

(2) 不朽(bù xiǔ):永不磨灭(多用于抽象事物)。

(3) 纷呈(fēn chéng):纷纷呈现。

(4) 更迭(gēng dié):轮流更替。

(5) 文以载道(wén yǐ zài dào):文章是用来说明道理、表达思想的(道:旧时多指儒家思想)。

(6) 旷达(kuàng dá):心胸开阔,想得开。

(7) 潇洒(xiāo sǎ):(神情、举止、风貌等)自然大方,有韵致,不拘束。

（8）独善其身（dú shàn qí shēn）：《孟子·尽心上》："穷则独善其身。"意思是做不上官，就搞好自身的修养。现在也指只顾自己，缺乏集体精神。

（9）开天辟地（kāi tiān pì dì）：神话中说盘古氏开辟天地后才有世界，因此用"开天辟地"指宇宙开始或有史以来。

（10）夸父追日（kuā fù zhuī rì）：古代神话，夸父（旧读 fǔ）为了追赶太阳，渴极了，喝了黄河、渭河的水还不够，又往别处去找水，半路上就渴死了。他遗下的木杖，后来变成一片树林，叫作邓林（见于《山海经·海外北经》）。后来用"夸父追日"比喻决心大或不自量力。

（11）鲧（Gǔn）：古人名，传说是禹的父亲。

（12）银河（yín hé）：晴天夜晚，天空呈现出一条明亮的光带，夹杂着许多闪烁的小星，看起来像一条银白色的河，叫作银河。银河由许许多多的恒星构成，也叫天河。

（13）喜鹊（xǐ què）：鸟，嘴尖，尾长，身体大部分为黑色，肩和腹部白色，叫声嘈杂，民间传说听见它叫将有喜事来临，所以叫喜鹊。也叫鹊。

（14）劳役（láo yì）：指强迫的劳动。

（15）噩耗（è hào）：指亲近或敬爱的人死亡的消息。

（16）门当户对（mén dāng hù duì）：指男女双方家庭的社会地位和经济状况相当，结亲很合适。

（17）同窗（tóng chuāng）：同在一个学校学习。

（18）翩翩（piān piān）：形容轻快地跳舞，也形容动物飞舞。

（19）诠释（quán shì）：说明，解释。

（20）包办（bāo bàn）：不和有关的人商量、合作，独自做主办理。

（21）拟人（nǐ rén）：修辞方式，比拟的一种，把事物人格化。例如童话里的动物能说话。

（22）劝诫（quàn jiè）：劝告人改正缺点错误，警惕未来。

（23）魄力（pò lì）：指处置事情所具有的胆识和果断的作风。

（24）自强不息（zì qiáng bù xī）：自己努力向上，永远不懈怠。

（25）脍炙人口（kuài zhì rén kǒu）：美味人人都爱吃，比喻好的诗文或事物，人们都称赞（炙：烤熟的肉）。

中 国 文 化

(26) 莲蓬（lián peng）：莲花开过后的花托，倒圆锥形，里面有莲子。

(27) 殉情（xùn qíng）：因恋爱受到挫折感到绝望而自杀。

(28) 鸳鸯（yuān yāng）：鸟，外形像野鸭而较小，嘴扁，颈长，趾间有蹼，善于游泳，翅膀长，能飞。雄鸟有彩色羽毛，头后有铜赤、紫、绿等色的长冠毛，嘴红色。雌鸟羽毛苍褐色，嘴灰黑色。雌雄多成对生活在水边。文学作品中常用来比喻夫妻。

(29) 婉转（wǎn zhuǎn）：（歌声、鸟鸣声等）抑扬动听。

(30) 双关（shuāng guān）：修辞方式，用词造句时表面上是一个意思，而暗中隐藏着另一个意思，如"东边日出西边雨，道是无晴却有晴"，"晴"暗指"情"。

(31) 巾帼（jīn guó）：巾和帼是古代妇女戴的头巾和发饰，借指妇女。

(32) 才华横溢（cái huá héng yì）：很有才华，多指在文学艺术方面。

(33) 喜闻乐见（xǐ wén lè jiàn）：喜欢听，乐意看。

(34) 口头禅（kǒu tóu chán）：原指有的禅宗和尚只空谈禅理而不实行，也指借用禅宗常用语作为谈话的点缀。今指经常挂在口头的词句。

(35) 鼎盛（dǐng shèng）：正当兴盛或者强壮。

(36) 文言（wén yán）：指五四以前通用的以古汉语为基础的书面语。

(37) 白话（bái huà）：汉语书面语的一种。它是唐宋以来在口语的基础上形成的，起初主要用于通俗文学作品，到五四运动以后才在社会上普遍应用，成为现代汉语（普通话）的书面形式。

(38) 神机妙算（shén jī miào suàn）：惊人的机智，巧妙的谋划，形容有预见性，善于估计客观情势，决定策略。

(39) 奸诈（jiān zhà）：虚伪诡诈。

(40) 鲁莽（lǔ mǎng）：说话做事不经过考虑；轻率。

(41) 栩栩（xǔ xǔ）：形容生动活泼的样子。

▶ 练习与讨论

1. 你看过动画片《花木兰》吗？请你说一说木兰从军的故事。如果你是花木兰，你会怎么做？

2. 你听说过李白吗？你能说出他的著名诗句吗？

3. 你知道中国古代的小说吗？你对中国古代小说中的哪个人物印象深刻？

4. 讲述你们国家家喻户晓的神话传说、民间故事等，并比较与中国神话传说故事的区别。

5. 你觉得中国古代的诗词和小说，哪个更能代表中国文化的特点，更能体现中国文化的精神？

6. 讨论题：请你介绍中国和自己国家历史上的一位著名诗人或者一部小说，可以谈谈他们的相同点或者不同点，并用图片或海报的形式呈现。

第九课　戏曲与音乐

导言　戏曲是中华传统文化的重要组成部分,是中国传统艺术之一,具有鲜明的中国艺术特质,在世界艺术舞台上独树一帜[1]。中国的戏曲有300多种,其中影响最大的是京剧。京剧被誉为中国的国剧,代表了中国戏曲艺术的最高成就。外国人常把京剧叫作北京歌剧。联合国教科文组织把昆曲、越剧、京剧等剧种列入人类口头和非物质遗产代表作名录。

中国的戏曲和西方的歌剧并不相同。中国的戏曲是集合了演唱、对白、音乐、舞蹈、武打等多种表演形式的综合性艺术,这些表演手段称为唱、念、做、打。此外,中国的戏曲还有严格的角色分类,例如京剧的角色分为生、旦、净、丑等。

中华民族的祖先在原始社会就创作了音乐,在中外文化交流、互动、碰撞的过程中,逐渐形成了内容丰富、理论完备、特色鲜明的音乐体系。中国传统音乐历经各朝各代的发展,出现了很多传世名作,比如《渔舟唱晚》《十面埋伏》等。中国有56个民族,不同民族的音乐在交流中相互借鉴,为中华音乐宝库增添了风采。

一、京　剧

京剧,又称京戏,是中国流行最广、影响最大的一个剧种,已经有两百多年的历史了。18世纪末,徽(huī)班进京后,一些地方戏曲剧种陆续传入北京,它们在剧目、曲调和表演方法等方面不断交流、融合、创新而逐渐形成的新剧种即为京剧。京剧在形成过程中,吸收了许多地方戏的精华,又受到北京方言和风俗习惯的影响。京剧虽然诞生在北京,但它不仅仅是北京的地方戏,中国各地都有演出京剧的剧团。

京剧是一种唱、念、做、打并重的艺术。唱,指的是按照一定的曲调演唱;念,指的是剧中角色的对话和独白;做,指的是动作和表情的表演;打,指的是用舞蹈化的武术表演进行打斗。唱、念、做、打是京剧表演的艺术手法,也是京剧表演的四项基本技能。

在长期的发展过程中,京剧形成了一套虚拟[2]的表演动作。比如一只桨[3]可以代表一条船,一条马鞭[4]可以代表一匹(pǐ)马,演员不需要任何道具就能表现出上楼、下楼、开门、关门的动作。这些动作虽然经过了夸张的演绎,但是能给观众带来既真实又优美的感受。

京剧的化妆也很有特点,叫京剧脸谱。京剧脸谱是具有中国特色的特殊化妆方法,一般认为其灵感来源于面具。京剧脸谱根据人物角色的不同有各自大概的谱式,是公认的中国传统文化标识之一。生、旦、净、丑是指京剧的主要角色。生是成年的男性角色;旦是女性角色的统称;净大多是性格、品质或相貌奇异的男性角色,俗称花脸;丑起烘托主角的作用,通常在鼻梁[5]上抹一小块白色,俗称小花脸。京剧有四大流派的说法,比如梅兰芳是梅派的创始人,也是京剧的代表人物。

京剧作为中国民族戏曲中的精华,在国内外都有很大的影响。许多外国人专门到中国来学唱京剧。许多京剧表演艺术家也曾经到世界各地演出,受到了各国观众的喜爱。

二、地方戏曲

地方戏曲也叫地方戏,是对流行于某个地区的具有地方特色的戏曲剧种的统称。中国地域辽阔,民族众多,各地的方言又不同,因此形成了丰富多彩的地方戏。地方戏凝结着某一地域的民风习俗,为当地民众所喜爱。据统计,中国地方戏有300多种,其中影响比较大的有昆曲、越剧、豫剧、黄梅戏、川剧等。

昆曲，也叫昆剧，发源于苏州昆山一带，是中国古老的戏曲声腔[6]和剧种。后来的京剧、黄梅戏、越剧等剧种大多是在昆曲的基础上发展而来的，故而昆曲又有"中国戏曲之母"的称呼。昆曲糅合[7]了唱念做打、舞蹈、武术等艺术形式，剧目丰富，格律严格，以曲词典雅、表演细腻、行腔婉转软糯著称。爱情是昆曲永恒的主题，代表作有《牡丹亭》《桃花扇》等，其中，《游园惊梦》是《牡丹亭》中最著名的片段，也是昆曲中最有名的折子戏。2001年，联合国教科文组织把昆曲列为人类口头和非物质遗产代表作名录。

越剧发源于浙江绍兴，流行于浙江、江苏、上海等地。最初，越剧中的男女角色全由男演员扮演，20世纪30年代变成全部由女演员扮演。越剧唱腔委婉、表演细腻，已经成为仅次于京剧的第二大剧种，代表剧目有《梁山伯与祝英台》《红楼梦》等。黄梅戏旧称黄梅调，流行于安徽、湖北等地。黄梅戏载歌载舞[8]，唱腔婉转动人，表演朴实优美，生活气息浓厚，代表剧目有《天仙配》《女驸（fù）马》等。豫（yù）剧是河南的地方戏，也叫河南梆（bāng）子。豫剧的剧目大部分取材于历史小说和演义[9]，代表剧目有《花木兰》《穆（mù）桂英挂帅》等。

三、戏曲脸谱

脸谱是中国戏曲独有的一种在舞台表演中使用的脸部化妆造型。脸谱化妆主要用在净行和丑行人物上，用夸张的色彩和线条来表现人物的性格。生行和旦行并不需要画脸谱。

脸谱随着戏曲的发展而发展。中国古代祭祀活动中有巫舞和傩[10]舞。舞蹈的人常常戴着面具，有的扮成人物，有的扮成动物，还有的扮成神的样子。

唐宋时期的面具更加丰富了。在唐代歌舞中，除了需要面具以外，还有涂面化妆。涂面化妆是指在演员脸上直接涂粉墨。宋代是戏曲正式形成的时期，涂面化妆得到进一步发展。宋杂剧中，涂面化妆形成了两种基本类型："洁面"化妆和"花面"化妆。其中，"花面"化妆的特点是用夸张的色彩、线条和图案，改变演员本来的样子，制造可笑或者讽刺的效果。虽然当时的化妆还非常粗糙，但是"花面"化妆已经可以看到后来脸谱的影子了。

戏曲脸谱随着戏曲的发展而日渐成熟，最后以谱式的形式固定下来。脸谱的颜色有相对固定的象征意义和特殊寓意，以表现人物的基本性格特征。脸谱是一种极度夸张的表现手法：忠义、宽厚的人用红脸，正直、严肃的人用黑脸，稳重、正义的人用紫脸，有心计的人用黄脸，桀骜不驯[11]的人用蓝脸，勇猛、暴躁的人用绿脸，奸诈多疑的人用白脸，滑稽可笑的人用丑脸。但是这种夸张并不是随意的，已经具有一定的规范性，所以称为谱。

四、中国传统音乐

中国传统音乐具有浓郁的民族特色，是中华文化中的瑰宝。

中华民族的祖先在原始社会就创作了最初的音乐，原始先民在进行巫术等宗教活动时要载歌载舞，这就是最早的乐舞。中国在原始社会时就出现了乐器。

周代开始，涌现出了大量的民歌，歌词主要记录在《诗经》一书中。汉代重视民间音乐的收集和整理，设立乐府作为管理民间音乐的机构。乐府的建立是中国音乐史上的一件大事，它为后世保留了一部分当时的民间创作，对后来的音乐发展产生了重大的影响。

魏晋南北朝和隋唐是音乐艺术大发展的时期。民族融合带动了民族音乐的融合，而在当时社会风气的影响下，音乐开始重视美感。唐朝国力强盛，经济发达，对外域文化表现出巨大的兼容性，一切有用的外来文化都被吸收和消化，音乐、舞蹈艺术尤其如此。宋朝开始，音乐文化变得更丰富，音乐与词、曲、戏剧结合，并被广泛运用。

中国古代音乐使用五声音阶，也称五音，即宫、商、角（jué）、徵（zhǐ）、羽，相当于现代音乐的1、2、3、5、6，这是中国古代音乐和音的基础，是在阴阳五行学说影响下产生的音乐形态。"五"这个汉字代表着天地、阴阳交错的形象，因此，中国人认为宇宙有五行（金、木、水、火、土），音乐有五音，如果某个人不擅长唱歌，经常会谦虚地说自己五音不全。在表现形式上，中国传统音乐作品常常以单旋律方式进行，极少使用和声，合奏音乐一般用于宫廷典礼、宗教仪式等大型仪式和活动中。在艺术风格上，中国传统音乐讲究形散而神不散,追求情景交融及人与自然的和谐美。此外,音乐与舞蹈、诗歌等关系密切,通常音乐与舞蹈结合,音乐的歌词同时也是诗歌。

千百年来,中国古代音乐家创作了很多优秀的曲目,可惜的是很多曲目在历史中失传了。流传至今的著名曲目有《十面埋伏》《百鸟朝凤》《春江花月夜》《二泉映月》等。这些名曲现在广泛流传于海内外。

中国传统音乐以独特的魅力受到中国人民的喜爱。在中国,几乎每个地区都有民族乐团,还有很多传统音乐爱好者自发组织表演。中国民族乐团经常受到邀请,到世界各地演出。中国传统音乐优美动听的旋律,深深打动了海内外的听众,受到了广泛的喜爱。

五、中国古代乐器

中国古代的乐器按演奏方法,分为吹、拉、弹、打四大类,分别由金、石、土、木等八种材料制成,历史上称为八音。

从乐器的发展过程来看,中国传统乐器最早出现的是打击乐、吹奏乐,原始社会出现的有骨哨(shào)、土鼓等乐器,后来又出现了用铜制作的编钟,等等。竹制的乐器出现的时间也比较早,商周时期的笙(shēng)、竽(yú)等都是竹制的。春秋时期产生了弹弦乐,秦汉后大为流行,比如古琴等。拉弦乐是最后产生的。在传统音乐的发展过程中,中国音乐还接纳了大量外来乐器,这些乐器比如琵琶、胡琴等,经过改造和消化,成了中国传统乐器。

在中国传统乐器中,二胡是一种拉弦乐器,最早起源于中国北方地区。二胡的表现力极强,既可以表达悲怆深情,又可以表现壮观辽阔。二胡名曲《二泉映月》以深邃的意境展现了二胡的独特魅力,获得"20世纪华人音乐经典作品奖"。

琵琶是一种弹拨乐器,最早是经丝绸之路传入中国的。琵琶音域广阔,音色多变,表现力丰富,演奏技巧多样,艺术魅力独特。《十面埋伏》是琵琶独奏名曲,其独特的音色表现了古代战争的激烈场面,气势雄伟激昂,艺术形象鲜明。

古琴，又称七弦琴，是中国传统拨弦乐器。古琴音色深沉，余音悠扬，其最大的特点是静，被称为"天地之音""太古之音"。古琴自古就是高雅的代名词，在中国艺术中地位崇高，弹奏者追求人琴合一的境界。古琴名曲《高山流水》，源于中国古代伯牙与钟子期琴曲相知的故事，体现了天人合一、物我两忘的文化精神，后世用"高山流水"这个词来比喻知己或知音。

编钟是中国古代一种打击乐器，由青铜制成。编钟的特点是由大小不同的很多铜钟组合而成，规模比较大。人们按钟的大小、音律、音高，把钟编成组，悬挂在钟架上。演奏时，人们用木棒敲打钟，钟声清脆、响亮、优美。

曾侯乙编钟是中国现存最大、保存最完整的一套大型编钟，1978年从湖北的一座战国古墓——曾侯乙墓中出土。出土时，整套编钟仍然完好地挂在钟架上。

曾侯乙编钟一共64件，分8组悬挂在钟架上。钟架长7.48米，高2.65米，分上、中、下三层，由6个带剑的青铜武士和几根圆柱承托重量。编钟的总重量是2500多千克，最大的一口钟高度超过1.5米，重量超过200千克。这套编钟不管是数量、重量还是体积，在编钟中都是很少见的。

曾侯乙编钟的制作精致美观，设计精巧，结构稳定。为了便于人们敲打和演奏，每口钟上还刻有铭文，总计3755个字。文字记载了关于编钟演奏和乐理方面的知识，被称为"一部珍贵的音乐理论论著"。曾侯乙编钟证明了在春秋战国时期，中国的音乐就已经发展到了相当成熟的阶段。

生词表

(1) 独树一帜（dú shù yī zhì）：单独树立起一面旗帜，指自成一家。

(2) 虚拟（xū nǐ）：虚构。

(3) 桨（jiǎng）：划船用具，多为木制，上半圆柱形，下半扁平而略宽。

(4) 马鞭（mǎ biān）：驱使坐骑用的鞭子，泛指赶牲口的鞭子。也叫马鞭子。

(5) 鼻梁（bí liáng）：鼻子隆起的部分。

(6) 声腔（shēng qiāng）：许多剧种所共有的、成系统的腔调，如昆腔、高腔、梆子腔、皮黄等。

（7）糅合（róu hé）：掺和；混合。

（8）载歌载舞（zài gē zài wǔ）：又唱歌，又跳舞，形容尽情欢乐。

（9）演义（yǎn yì）：以一定的历史事迹为背景，以史书及传说的材料为基础，增添一些细节，用章回体写成的小说，如《三国演义》《隋唐演义》等。

（10）傩（nuó）：旧时迎神赛会，驱逐疫鬼。

（11）桀骜不驯（jié ào bù xùn）：性格倔强不驯顺。

练习与讨论

1. 你看过京剧吗？在什么地方看到的？京剧有什么特点？跟你们国家最著名的戏剧艺术相比有什么不同？

2. 中国的京剧和地方戏都有脸谱，它们表达的文化内涵是什么？你们国家有没有类似的"面具"？如果有，有什么象征意义？

3. 你听过用中国传统乐器演奏的乐曲吗？你听了有什么感受？与你们国家的古典音乐相比，中国传统乐器演奏的乐曲主要有什么不同？

4. 观赏京剧选段，分辨其中的生旦净丑和唱念做打等京剧程式，谈谈你对京剧独特美感的理解。

5. 请你介绍一下中国古代乐器——编钟。

6. 讨论题：讨论传统艺术应该以保护继承为主还是以创新发展为主。你们国家是如何保护和继承古典艺术等非物质文化遗产的？

第十课 书法与绘画艺术

导言 书法与绘画是中国最重要的文化表现形式之一。中国人民创造了独特的书法与绘画艺术，具有典型的东方神韵，而且这种艺术与中国的哲学、审美和价值观念紧紧联系在一起。中国人善于用书法与绘画艺术来表达个人的志趣、理想与境界，体现人与天地、自然、万物生灵的中和之美。书法和绘画艺术依靠卓越的技巧，把笔墨发挥到极致，形成一种独特的审美艺术。要想了解中国，必须先了解中国文化；而要想全面了解中国文化，了解书法和绘画艺术是必不可少的一个环节。因为书法与绘画艺术已经深深扎根于中国社会与人民的生活，重大节日、婚丧嫁娶、墓葬碑刻、建筑楹联与匾额装饰以及室内装修等，到处都有它们的影子。

中国历代的文人和学者都钟情于书法与绘画艺术。书法与绘画艺术已经成为衡量一个学者水准的重要标准，也是文人修身养性的一个重要途径。在中国古代，琴棋书画是文人追求的普遍志趣，而且是提高自身修养、提高社会地位和历史地位的重要方式。其中的"书"指的就是书法，"画"指的就是绘画。在中国文化史上，很多著名的文人都是出色的书法家和画家，比如苏轼、赵孟𫖯（fǔ）、米芾（fú）等。对优秀书画作品的收藏成为中国古代历朝皇室、官员和文人的独特嗜好，一些著名书法家和画家的优秀作品更被视为珍宝，价值连城[1]。中国历史上有不少帝王也是卓越的书法家和画家，比如宋徽宗、唐太宗等，他们身体力行[2]，推动着中国书法与绘画艺术在整个社会中的地位不断提升，造就了中国辉煌的书法与绘画艺术，直到今天还有深远的影响。

一、书法之美

中国书法主要是指中国的传统书法，即利用毛笔进行书写的一门独特的汉字书写艺术。中国书法通过笔、墨与纸的结合，以线条的多变和连接，形成很独特的黑白视觉艺术。它使文字本身不仅具有表意的功能，更是个性表达、感情表达的一种艺术。它通过快慢变换的书写速度、浓淡枯湿的墨色变化、单字与篇章的结构布局、变幻万千的黑白艺术，或庄重，或洒脱，或细腻，或豪放，来展现书写者的内心世界。把汉字的书写变成一种艺术，并用这种艺术来修身养性、表达自我，是中国书法独有的魅力，也是中国书法与其他书法的显著差异。

在中国古代，自从毛笔被发明和改进之后，书写有了更大的发展空间。毛笔书写时的软度，很容易体现出力量的变化，加上汉字本身的笔画构成，使得每个字的书写都很容易写出粗细长短以及笔画结构的变化，也使得汉字书写具有很强的可塑性。经过不断的书写创作实践，中国书法在两千多年前就形成了完整的笔法和审美体系。

中国书法，以其笔法、结构和章法的组合，使书写作品成为具有美感、让人悦目的艺术品。这种通过汉字书写来表现的艺术，又被誉为无言的诗、无行的舞、无图的画、无声的乐。通过笔法与章法的灵动变化，中国书法能让人体味动与静的韵律，给人带来视觉享受。

二、中国的书法名家与名作

1. 秦汉书法名作

隶书创立于两千多年前的秦朝末年，在汉朝时期发展到顶峰，是汉朝时期的官方文体。由于当时纸张还不是太普及，年代又太久远，所以保存下来的纸质书法极少。后来，有人发明了一种保存书法作品的有效方法，就是碑刻和石刻。他们把优秀的书法作品刻在石碑上或者石头上，这样就可以保存上千年。随着石刻技术的成熟以及后世拓印保存方法的出现，一些汉朝优秀的书法作品得以保存下来。隶书中优秀的碑刻均是在汉朝时期创作的。

汉朝时期，《曹全碑》《张迁碑》《华山碑》等碑刻是隶书书法作品中的优秀代表，但由于历史太过久远，其书法家的名字已经难以查证。这些碑刻作品不仅展示了隶书的优美，也在隶书的演变中保存着不同时代的风格和特点。比如《张迁碑》质朴奔放、浑厚博大，而《曹全碑》则典雅华美、俊秀温润。这些优秀的隶书石刻，成为历代书法爱好者模仿和借鉴的经典范本。

2. 东晋书法名家及代表作

在中国书法史上，最著名的书法家应该是东晋的王羲之。东晋是中国书法创作的一个高峰，出现了很多有名的书法家，以王羲之父子最为有名，尤其是王羲之，被后世评为"书圣"。他擅长隶书、草书、楷书、行书各体，书法作品广采众长，委婉秀丽、精妙绝伦[3]，而且自成一家，影响深远。他的行书作品《兰亭集序》飘逸秀丽，字字精妙，出神入化[4]，被后世称为"天下第一行书"。后世一代代书法家很多都曾经临习该帖而获得很高的成就。此外，王羲之的小楷和草书也达到了极高的成就。

王羲之的儿子也大多擅长书法，尤其是王羲之的第七个儿子王献之，同样也是中国书法史上非常著名的书法家。王献之擅长行书、草书和楷书，后世把他和王羲之合称为书法"二王"。他的草书代表作品以《鸭头丸帖》《中秋帖》最为有名。

东晋王氏家族是在书法史上影响很大的家族，出现了很多有名的书法家，同时期的王珣也是成就很大的书法家。他的传世作品《伯远帖》，是写给亲友伯远的一封信，行笔自然流畅、俊丽秀雅，被视为行书的经典之作。清朝乾隆皇帝特地在皇宫设置"三希堂"，用于保存《伯远帖》《快雪时晴帖》《中秋帖》这些稀世之宝。

3. 隋唐书法名家及代表作

隋唐时期是中国书法的辉煌时期，书体的演进也进入楷书时代。隋唐时期的颜真卿、柳公权、欧阳询、虞世南、褚遂良成就很高，尤其在楷书创作方面，达到楷书史上的顶峰。他们的书法作品不仅精妙无双，而且形成了各自的书写风格，或坚韧有力，或清丽秀美，成为后世学习楷书的典范。

"颜筋柳骨"是对颜真卿和柳公权楷书作品的经典评价，二人的楷书各有风格，被世人所追崇。颜真卿的《多宝塔碑》和柳公权的《玄米塔碑》，都是奉皇帝命令为佛教高僧书写的碑文，成为后世学习楷书的范本。颜真卿也擅长行书和草书，他的《祭侄文稿》被称为"天下第二行书"，《争坐位帖》被视为草书经典。

欧阳询的《九成宫醴泉铭》、虞世南的《孔子庙堂碑》、褚遂良的《雁塔圣教序》等作品也被后世奉为书法经典之作，直到现在依然是书法爱好者的重要临习范本。

在草书方面，唐朝的张旭、怀素和尚把草书创造推向一个高峰，尤其是他们所创造的飞动豪荡的"狂草"风格，把书法技法和个性的表达发挥到极致，对后世书法产生了重要的影响。张旭的《古诗四帖》和怀素和尚的《自叙帖》《苦笋帖》等被奉为草书经典之作。此外，唐太宗李世民、智永和尚等也是影响很大的书法家。

4. 宋元书法名家及代表作

宋代是中国文化的繁荣时代，在这一时期，中国书法创作进入了另一个高峰，出现了很多优秀的大书法家，比如苏轼、米芾、黄庭坚、宋徽宗、蔡襄、赵构等，他们的书法成就很高，对后世影响很大。尤其是行书，在这一时期有了进一步的发展和创新。宋朝行书突出"尚意"创作，书写更加潇洒、灵动，其中苏轼的《寒食帖》被称为"天下第三行书"，米芾的《苕溪诗帖》《蜀素帖》，黄庭坚的《松风阁诗帖》，还有宋徽宗的"瘦金体"书法作品，都被后世称为经典之作。宋代时期的草书，也有不少优秀的经典作品，以黄庭坚的成就最高，他的书法作品《诸上座帖》被称为草书经典。

到了元代，也出现了一些优秀的书法家，最突出的是赵孟頫和鲜于枢。赵孟頫是书法和绘画艺术成就都很高的大家，他擅长各种书体，其中楷书和行书影响最大。赵孟頫在中国书法史上被称为"楷书四大家"之一。他的楷书端庄秀美，独树一帜，其楷书作品《胆巴碑》成为后世临习的典范。赵孟頫的行书也有很多优秀的作品，比如《洛神赋》《前后赤壁赋》等。鲜于枢精通书画，尤其擅长草书，他的草书《石鼓歌》是中国书法史上享有盛名的经典作品。

5. 明清书法名家及代表作

明清时期的书法创作成就虽然不如宋元，但也出现了一些优秀的书法家。明朝时期的唐寅、文徵明、祝允明、徐祯卿被称为"吴中四大才子"，在书法和绘画方面都有比较高的成就。唐寅的《落花诗册》、文徵明的小楷书法作品，都为后世所推崇。明朝后期的董其昌在书法上也自成一体，成就很高，他的书法飘逸空灵，风华自足，为后世所称道。

清朝初期的优秀书法家以王铎、傅山、朱耷等为代表，他们均擅长行书和草书，其中王铎、傅山的影响最大。清朝晚期以杨守敬、吴昌硕、康有为、沈曾植等为代表，他们的书法最为著名，在中国书法史上有着一定的地位。

三、中国画的特点

中国画是中国典型的艺术，在中国文化史上有着重要的地位。在中国古代，绘画展示的不仅是艺术技巧，也是中国文人修身养性的重要方式。琴棋书画作为四艺，被中国古代文人所推崇，其中的"画"指的就是绘画。中国古代文人通过绘画来表达内心世界，表达他们对自然界、社会和宗教等的认知与理解。

中国画又称为"国画"或者"丹青"[5]，它是一种通过毛笔、墨和颜料在宣纸、绢和墙壁等上作画的综合技巧。根据题材的不同，中国画分为人物画、山水画、花鸟画；根据笔法的不同，中国画分为工笔画与写意画；根据色彩的不同，中国画分为设色画与水墨画；根据载体的不同，中国画分为壁画、屏风、卷轴、册页、扇面等。中国画有着典型的中国文化特征，它注重虚实、疏密、干湿等结合，体现了中国古代的阴阳文化。同时，中国画注重留白，有着跟书法类似的审美风格；注重对意境的塑造，画中人物强调写神。中国画的技巧要求跟书法相似，即对笔墨的掌握、对纸质的熟悉都要达到非常高的程度，中国古代常说的"书画同源"就在于此。

四、中国画与西洋画的对比

中国画与西洋画有着显著的差异,也体现着背后中西两种文化体系和审美标准的差异。从以下几点可以看出其差异所在:

第一,绘画工具的差异。中国画的主要工具是毛笔和墨,尤其是传统水墨画,它依靠对墨色的控制、用毛笔构图作为重要手段,与西洋画完全不同。相对而言,毛笔更软,可塑性、可变性更强,画一幅画往往用两三支毛笔即可完成;西洋画用笔较硬,需要很多不同型号的笔才能满足绘画要求。

第二,中国画注重写意,西洋画注重写实。中国画突出对意境的塑造,通过简单的构图和留白,给人以想象的空间;偏重反映自己的内心、性情与追求,是一种意象的表达。西洋画偏向写实,更追求真实描述物体的原貌。

第三,中国画注重写意,绘画内容不受空间和时间的限制,可以在一幅画中实现千里共图、山水共景。而西洋画注重背景塑造和写实,绘画内容受到空间和时间的限制。

第四,中国画讲究气韵和境界,讲究"骨法用笔",不太注重焦点透视,不过于强调光色变化的影响。而西洋画侧重用光和色来描绘与塑造,更多用透视法,讲究光色、明暗、色度的变化和影响。

五、印章与文房四宝

印章文化是中国独有的一种艺术形式,是中国书法和绘画的综合艺术,也是书画作品必要的点缀。印章的使用在中国有着大约三千年的历史,在中国古代是个人身份的标识,是上层社会和文人常用的凭证,类似现代的签名,也可作为信物。它是在一小块石质或玉质的小物体上,以书法形式刻上自己的名字或者官名。印章又称为古玺,过去主要用于皇室、官府和军队。后来又发展出个人私印、闲章[6],以及书画用的艺术印章,形状和文字也更加注重艺术性。印章的文字逐步固定为篆书,又称为篆刻,成为实用和审美兼具的一种艺术。

第十课　书法与绘画艺术

在中国古代，书法和绘画都离不开必要的工具，尤其是常用的笔、墨、纸、砚四个最基本的工具，人们把这四个基本工具称为"文房四宝"。

1. 笔

这里的笔，指的是毛笔。毛笔是中国古代书写最重要的工具，适用于中国传统书画创作。毛笔在中国有着两千多年的历史，据说为秦朝的将领蒙恬所创。它的头部很软，是用动物的毛制成的，通过沾墨汁进行书写。后来，毛笔的毛由兔毛、鸡毛、羊毛、黄鼠狼毛等常用材料制成，笔杆用常见的竹管制成，少数笔杆由名贵木质或者玉质材料制成。

2. 墨

墨是书画用的黑色颜料，固体形式，主要制作原料有松烟、煤烟和胶。根据材料不同，墨可以分为松烟墨和油烟墨两种。墨通过砚台加水研磨形成墨汁，然后用于毛笔书写。书写者可以根据需要控制水量，调整墨汁浓淡。随着现代技术的使用，市场上广泛流行制成墨汁。这种墨汁方便使用，可以免去研磨的时间。

3. 纸

纸的使用在中国有大约两千年的历史。东汉的蔡伦改进了造纸工艺和原料，创造了可以用于书写的纸。后来随着造纸工艺的不断改进，纸张的保存技术也有了很大的提高，种类也更多。在唐朝年间，造纸工艺已经非常发达，所造纸张适宜书画，而且保存时间长，有"纸寿千年"之说。现代的宣纸种类更加丰富多样，根据吸水速度的差异，宣纸分为生宣、熟宣、半生半熟宣，可以满足各种书画要求。

4. 砚

砚，又称砚台，是中国古代书画时使用的一种文具，多用石质材料做成，主要用于研磨[7]。随着制砚工艺的改进，选材的优良，砚台逐渐成了兼具实用和欣赏的艺术品，一些名砚也成为历代文人收藏的对象。

生词表

（1）价值连城（jià zhí lián chéng）：战国时赵惠文王得到楚国的和氏璧，秦昭王要用十五座城池来换取（见于《史记·廉颇蔺相如列传》）。后用"价值连城"形容物品价值特别高，极其珍贵。

（2）身体力行（shēn tǐ lì xíng）：亲身体验，努力实行。

（3）精妙绝伦（jīng miào jué lún）：精致巧妙；独一无二，没有可以相比的。

（4）出神入化（chū shén rù huà）：形容技艺达到了绝妙的境界。

（5）丹青（dān qīng）：红色和青色的颜料，借指绘画。

（6）闲章（xián zhāng）：个人的与姓名、职务等无关的图章，印文大多是熟语或诗文的句子，如"开卷有益"。一般用于所收藏的书画上。

（7）研磨（yán mó）：用工具研成粉末。

练习与讨论

1. 什么是书法？书法在中国文化中的地位如何？
2. 请列出至少三种不同书体的书法家以及他们的成就。
3. 中国画与西洋画的区别在哪里？
4. 中国的"文房四宝"指的是什么？
5. 你看过中国传统绘画作品吗？在哪里看过？中国水墨画有什么特点？
6. 讨论题：介绍汉字与中国书法艺术的特点，谈谈你最欣赏的书法字体，并说明理由。说一说你们国家有没有书法艺术。

第十一课　古代工艺

导言　工艺品又称为工艺美术制品，它是采用不同原材料，经过造型和装饰加工技艺处理所制成的具有欣赏价值和实用价值的陈设用品及日用品的总称。工艺品的艺术水平是一个国家历史文化发展、经济与技术水平高低的重要标志之一。它标志着人们对物质财富的拥有程度，标志着人们鉴赏力和创造力的水平，能够全面反映各个时代、各个民族的审美和科技水平。因此，工艺是中国文化不可分割的一部分。

中国的工艺美术有着悠久的历史。新石器时代的陶器可以说是中国较早的工艺美术作品。此后，商周时期的青铜器、战国的漆（qī）器、汉代的丝织制品、宋朝的刺绣、明清的景泰蓝和瓷器等，都以精美名贵闻名于世。

中国传统的工艺品制作精美，技艺高超，不但具有鲜明的民族风格和地方特色，而且种类繁多。很早以前，中国的工艺作品就已经走向世界，向世人展示了自己的风采。

一、陶器

在早期的陶塑艺术品中，秦始皇兵马俑（yǒng）最为突出，出土时引起了世界性的轰动。盛唐时期唐三彩的出现，使彩陶工艺达到了新的高峰。

唐三彩是流行于唐代的一种带多种釉[1]色的彩色陶器的通称。其实，唐三彩并非只有三种色彩,唐三彩的釉色有绿、蓝、黄、白、赭[2]等多种颜色,而一般以黄、绿、赭色为主,所以称为唐三彩。

唐三彩制品的种类有很多,主要分为人物、动物和器物三种。人物有武将、文臣、贵妇、艺人、女仆、胡人等,动物有马、骆驼、牛、羊等,器物有盛器[3]、文房用具、室内用具等。古时,唐三彩很少用作日用品和陈设品,大部分用作随葬[4]品。唐三彩主要出产、流行于中国的中原地区,供这里的大小官员们使用。

唐三彩经过匠人[5]们的精心制作,呈现出了各种深浅不同的黄、赭、绿、翠兰、茄(qié)子紫等色彩,产生了一种斑斓[6]富丽的艺术效果。由于在制作过程中釉质自然向下流,烧制好的唐三彩会产生许多复杂奇妙的变化,所以没有任何两件唐三彩制品是完全一样的。

唐三彩制品的艺术造型,反映了当时的社会风貌和时代特征。强壮有力、神态潇洒的武士俑,肥壮丰满的马、骆驼等,充分表现了唐初国力的强盛。千姿百态、色彩绚丽的唐三彩制品,是中国独特的艺术瑰宝。

紫砂器是一种质地细腻、由含铁量高的特殊陶土制成的陶器,呈赤褐黄色或紫黑色。其中,最有名的是江苏宜兴的紫砂器,它们创始于宋代,到明清时期有了很大的发展。用紫砂壶泡茶,能在较长时间内保持茶的色香不变。紫砂器造型美观,色彩古朴淡雅,是精致的手工艺品。

二、瓷 器

英语中的"china"一词有两个意义,一个是中国,一个是瓷器。西方人很早就把中国与瓷器联系在一起,这是因为制瓷技术是中国人发明的。瓷器是从陶器发展来的,如果从生产原始瓷器的商代算起,中国的瓷器有三千多年的历史。

中国的制瓷技术从东汉开始发展很快,之后的各个历史时期都出现了别具特色的制作瓷器的名窑和陶瓷新品种。唐代浙江越窑的青瓷和河北邢(xíng)窑的白瓷都是非常名贵的瓷器。宋代河北定窑的白瓷、河南钧(jūn)窑以及浙江龙泉窑的青瓷,都是瓷器中的无价珍宝。从宋代起,龙泉的青瓷开始远销世界上许多国家。现在的土耳其伊斯坦布尔考古博物馆里就收藏有宋、元、明初的龙泉青瓷 1000 多件。

景德镇是一座历史悠久的江南名城，汉唐以来就以盛产瓷器而著称。明清之际，景德镇发展为中外闻名的"瓷都"。景德镇的瓷器轻巧精美，其中的青花瓷、粉彩瓷等被视为珍宝。青花瓷的色彩呈宝石蓝，鲜艳纯净，别具风格。中国明代著名的航海家郑和七次率船队远涉重洋，到达东南亚各国和非洲等地，随船带去的物品中就有大批青花瓷。

中国瓷器不仅是精美的日用品，也是珍贵的艺术品。自汉唐以来，中国瓷器就大量销往国外，中国的制瓷技术也逐渐传遍世界各地。

三、风筝

风筝，古时候也叫纸鸢（zhǐ yuān）、鹞（yào）子，是中国人发明的。相传两千多年前，中国著名的能工巧匠[7]鲁班，用竹木削制成了会飞的木鹊。五代时，李邺（yè）用纸扎成纸鸢，用线将其放飞到天空中。后来，古人又在纸鸢头上安了丝弦[8]，风吹丝弦，发出了古筝[9]一样的声音，从此人们把纸鸢叫作风筝。风筝出现以后，曾经被用来为军事和通信服务。

北京、天津、山东潍坊、江苏南通和广东阳江等地，是中国风筝的著名产地。制作风筝，要先用竹条捆扎[10]风筝的骨架，再把纸或者绢[11]糊在骨架上，然后画上色彩均匀的图案。制作风筝需要十分精巧的技艺，放风筝也要有独到的技术，这样才能使风筝在空中自由平稳地飞翔。

中国的风筝样式很多，有鸟、兽、虫、鱼等动物形状的风筝，其中最常见的是燕子、蝴蝶和鹰（yīng）形状的风筝，也有以孙悟空等神话人物为题材的风筝，还有一种蜈蚣[12]形或龙形的长串风筝，升上天空后凌空飞舞，十分壮观。

放风筝是一项有益于身体健康的体育活动。因此，世界上许多国家十分流行放风筝。中国人不仅把放风筝当作有趣的游戏和有益于身体健康的体育活动，也常常把精美艳丽的风筝挂在墙壁上欣赏。

目前，中国的风筝已经远销东亚、东南亚和欧美许多国家，受到了世界各国人民的欢迎。近年来，中国山东的潍坊每年都要举行盛大的国际风筝大会，因为中国是风筝的故乡。

四、刺绣

刺绣是中国著名的传统手工艺品,已经有三千多年的历史。人们用丝、绒或棉线,在绸缎(duàn)和布帛(bó)上穿针引线,绣出各式各样美丽的花纹和图案。中国刺绣的品种很多,江苏的苏绣、湖南的湘绣、广东的粤绣和四川的蜀绣,被人们称为中国"四大名绣"。

苏州出产的苏绣,已经有两千多年的历史。苏绣艺人能用40多种针法、1000多种花线绣出各种植物、动物和苏州园林的图案。苏绣绣工精细,图案秀丽,其中特别值得一提的是苏绣小猫,那明亮的眼睛、蓬松[13]的毛丝,就像真的一样,称得上是苏绣中的精品。

湖南省的简称是湘,湖南出产的刺绣又被称为湘绣。湘绣至少也有两千年的历史。由于一些画家参加了湘绣的设计工作,所以湘绣作品带有中国画的特色和意境。俗话说"苏绣猫,湘绣虎",湘绣狮、虎,生动地表现了狮、虎的凶猛,是湘绣中的传统产品。

广东省的简称是粤,出产在广东的刺绣被称为粤绣。粤绣至少有一千年的历史。粤绣色彩艳丽,图案整齐,其中出现最多的图案是龙、凤。《百鸟朝凤》《九龙屏风》是粤绣中的优秀作品。

四川省的简称是蜀,出产在四川的刺绣被称为蜀绣,早在一千多年前就已经十分有名了。蜀绣的针法有1000多种,既能刺绣花鸟鱼虫,又能创作山水人物。蜀绣的传统作品有《鲤鱼》《双冠图》等。

除了"四大名绣"之外,北京的京绣、上海的顾绣、苗族的苗绣等也很有特色。刺绣可以用来装饰服饰、被面、枕套、床罩等生活用品,也可以成为华贵的艺术品和陈设品,深受人们喜爱。

五、剪纸

剪纸是中国最普遍的民间传统装饰艺术之一。很多外国人都喜欢中国的剪纸,因为它美丽精巧,带着独特的东方神韵,能使人感到浓浓的生活气息和欢乐喜庆的气氛。

剪纸，就是用剪子、刻刀在大红纸或者其他颜色的纸上剪刻出各种装饰性的花样和图案。中国的剪纸艺术大约有一千五百年的历史，是中国民间十分常见的工艺美术作品，包括窗花、墙花、灯花等，其中以窗花最为普遍。

剪纸的内容十分丰富，其中以吉庆寓意的题材最为常见，多采用托物寄情的方式表达人们美好的愿望。比如，采用语言的谐音法，剪刻鱼和莲花取"连年有余"的寓意。鲜艳美丽的剪纸给中国百姓的生活带来了欢乐和喜气。

中国剪纸分单色和彩色两种，单色的朴素大方，彩色的绚丽夺目。由于各地人们的生活习惯不同，民间剪纸的风格也不同。中国比较有名的剪纸有陕西的窗花、河北蔚县的戏曲人物以及南方少数民族的绣花底样等。内容丰富、花样繁多的民间剪纸，已经成为美化人们生活的艺术品。

剪纸包含着丰富的文化内涵，表达了中国人生活中的喜怒哀乐以及对美满生活的向往。剪纸的工具与材料简单易得，技法易于学习并掌握，深受中国各族人民的喜爱。2009年，中国剪纸入选人类非物质文化遗产代表作名录。

六、皮影戏

皮影戏又叫"影子戏"或"灯影戏"，是用兽皮或纸板做成的人物剪影[14]来表演故事的民间戏剧。皮影戏是中国出现最早的戏曲剧种之一。据史书记载，皮影戏兴起于西汉，成熟于唐宋，明清时达到顶峰。皮影戏是中国民间工艺美术和戏曲巧妙结合而成的独特艺术品种。

表演皮影戏时，艺人们在白色幕布后面一边操控影人，一边用当地流行的曲调和方言讲述故事，同时配有打击乐和弦乐。皮影人物及道具在后背光的照耀下，使投影到幕布上的影子具有独特的美感和观赏性。皮影戏表演水平的高低主要取决于艺人的操控技巧和唱功[15]，优秀的皮影戏艺人都要经过长期的勤学苦练。水平特别高超的艺人甚至能同时操控七八个皮影人进行表演。在没有电影、电视的年代，皮影戏是十分受欢迎的民间娱乐活动。

皮影戏具有浓厚的乡土气息，它精彩热闹，音乐与唱腔优美动听。皮影戏在元朝时期传至西亚和欧洲，被称为"中国影灯"。2011年，中国皮影戏入选人类非物质文化遗产代表作名录。

中国文化

生词表

（1）釉（yòu）：以石英、长石、硼砂、黏土等为原料，磨成粉末，加水调制而成的物质，用来涂在陶瓷半成品的表面，烧制后发出玻璃光泽，并能增加陶瓷的机械强度和绝缘性能。

（2）赭（zhě）：红褐色。

（3）盛器（chéng qì）：盛东西的器具。

（4）随葬（suí zàng）：财物、器具、马车等随同死者埋葬。

（5）匠人（jiàng rén）：旧时指手艺工人。

（6）斑斓（bān lán）：灿烂多彩。

（7）能工巧匠（néng gōng qiǎo jiàng）：工艺技术高明的人。

（8）丝弦（sī xián）：用丝拧成的弦。

（9）古筝（gǔ zhēng）：弦乐器，木制，长形，唐宋时有十三根弦，后增至十六根，现发展到二十五根弦。也叫筝。

（10）捆扎（kǔn zā）：把东西捆在一起，使不分散。

（11）绢（juàn）：质地薄而坚韧的丝织品，也指用生丝织成的一种丝织品。

（12）蜈蚣（wú gōng）：节肢动物，身体长而扁，头部金黄色，背部暗绿色，腹部黄褐色，头部有鞭状触角，躯干由许多环节构成，每个环节有一对足。第一对足呈钩状，有毒腺，能分泌毒液。吃小昆虫。可入药。

（13）蓬松（péng sōng）：草、叶子、头发、绒毛等松散开的样子。

（14）剪影（jiǎn yǐng）：照人脸或人体、物体的轮廓剪纸成形。

（15）唱功（chàng gōng）：戏曲中的歌唱艺术。

练习与讨论

1. 你见过中国的窗花吗？中国的剪纸与春节有什么关系？你们国家也有类似的手工艺品吗？

2. 皮影一般是用什么制作的？你看过中国的皮影戏吗？你们国家也有类似的艺术表演形式吗？

3. 介绍唐三彩的特点。

4. 你家里使用过瓷器吗？这些瓷器是中国生产的吗？请你介绍中国古代瓷器的发展过程。

5. 你放过风筝吗？请你介绍风筝的起源。

6. 讨论题：对比谈谈中国的青花瓷和你们国家的瓷器在图案、颜色、用途等方面的异同，理解中国瓷器的特殊艺术风格和审美特点。

第十二课　古代科技与发明

导言　英国科学家李约瑟认为,中国人在许多重要方面有一些科学技术发明,走在那些创造出著名的"希腊奇迹"的传奇式人物的前面,和拥有古代西方世界全部文化财富的阿拉伯人并驾齐驱[1],并在公元3世纪到13世纪之间保持一个西方所望尘莫及[2]的科学知识水平。作为世界上最古老、最伟大的民族之一,中华民族在五千多年的文明史上,创造了光辉灿烂的科技文明,并且在相当长的时期内一直处于世界前列。

中国古代在诸如天文、医学、历法、算术等方面的辉煌成就,以及数以百计的重大科技创造发明,不仅在中国人的生产和生活中发挥了重要作用,而且传播到世界很多国家和地区,对整个人类文明的进步产生了巨大而深远的影响,成为世界科学技术宝库中的珍贵财富。

一、四大发明

四大发明指的是指南针、造纸术、印刷术和火药。它们在军事、文化、经济等方面对中国社会和世界文明作出了重要贡献。

1. 指南针

在指南针发明以前,人们在茫茫大海上航行,只能靠太阳和星星的位置辨认方向，如果遇上阴雨天，就会迷失方向。中国人发明的指南针，帮助人们解决了这个难题。

指南针是指示方向的工具。早在战国时期，中国人就发现了磁石[3]指示南北的特性，并根据这种特性制成了指示方向的工具——司南。司南由一把光滑的磁勺和刻有方位的铜盘组成，勺把指示的方向是南方，勺头指示的方向是北方。到了宋代，人们把经过人工磁化的指南针和方位盘结合起来，制成了罗盘。有了罗盘，无论在什么情况下，人们都能准确地辨认方向了。

北宋时，指南针已经开始应用于航海事业。南宋时，指南针经阿拉伯传到欧洲，当时的阿拉伯人亲切地称指南针为"水手之眼"。

指南针的发明不仅促进了中国导航[4]技术和航海事业的发展，还传播到阿拉伯和欧洲地区，为欧洲航海家的海上航行提供了条件，因此推动了地理大发现，也促进了世界各国间的联系与交流。

2. 造纸术

在造纸术发明以前，中国人的书写方式是把字刻在龟甲、兽骨上，写在竹片、木片和绢帛上。甲骨、木片都很笨重，用起来不方便；绢帛太贵，一般人用不起。大约在西汉初期出现了植物纤维纸，东汉时期的蔡伦在此基础上经过长期的试验，扩大了造纸原料的范围，改进了造纸方法，使造纸术得到推广。这种纸便于写字，而且便宜，受到了人们的欢迎。蔡伦在造纸术方面的贡献是巨大的。

造纸术的发明及改进为人们提供了经济便利的书写材料，改革了文字的载体。其中，宣纸的发明更是促进了中国书画艺术的发展。安徽宣州生产的宣纸，就是闻名中外的上等纸张，是用于中国书法和绘画的珍品。宣纸的传统制作工艺于2009年被列入人类非物质文化遗产代表作名录。

中国的造纸术于隋末唐初传到朝鲜和日本，后来又传到阿拉伯地区和其他国家。纸的发明极大地方便了信息的储存和交流，对于推动世界文明的发展具有划时代的意义。

3. 印刷术

印刷术发明以前，读书人要得到一本新书，只有逐字逐句[5]地抄写。隋唐时发明了雕版印刷术，提高了印书的速度。唐代的《金刚经》是世界上最早的标有确切日期的雕版印刷品。但是雕版印刷每印一本书都要雕大量的版，十分费事。到了北宋时期，平民发明家毕昇经过反复试验，发明了活字印刷术。他把字刻在一小块一小块的胶泥上，将其放进火里烧硬，做成一个个活字。印书时，把活字按书稿排列，排成整版后印刷。印完后，再把这些活字拆下来，以后还可以再用。毕昇发明的活字印刷术，既经济又省时，使印刷术进入了一个新时代。

中国的活字印刷术向东传到了邻国朝鲜、日本，又通过陆上丝绸之路和海上丝绸之路传到欧洲的一些国家和地区，促进了各国文化的普及，为人类文明的传播带来了巨大变革。活字印刷术是中国对世界的一大贡献。雕版印刷技艺于 2009 年被列入人类非物质文化遗产代表作名录，活字印刷术于 2010 年被列入急需保护的非物质文化遗产名录。

4. 火药

火药的配方最初是由中国古代炼丹家在炼制丹药的过程中发现的。后来，人们根据这个配方，把硝（xiāo）石、硫黄（liú huáng）、木炭（tàn）按一定比例配制在一起，制成了黑火药。唐朝中期的书籍里，就记载了制造这种火药的方法。火药发明后，先是被制成了爆竹和烟花，到了唐朝末年开始用于军事。北宋时，火药在军事上被大量使用，那时候的火药武器有火箭、火炮等。

火药和火药武器于 13、14 世纪经阿拉伯传到欧洲。因为制造火药的主要原料硝石洁白如雪，所以火药被阿拉伯人称为"中国雪"或"中国盐"。火药传到欧洲后，被各国用来制造武器，还在开山、修路、挖河等工程中广泛使用。火药的使用推动了工业革命的到来。

二、张衡与地动仪

在中国国家博物馆的展览大厅里，陈列着世界上第一架地动仪的复原模型。这架地动仪的发明者是中国东汉时期著名的科学家张衡。

张衡（78—139），河南南阳人。他勤学好问，博览群书，特别爱好天文、历法和数学，是一位博学多才的科学家。

132年，张衡在京城洛阳制成了可以测定地震方向的候风地动仪。地动仪全部用精铜铸（zhù）成，外形像一个带盖的大茶杯。仪器表面铸有八条垂直向下的龙，龙头分别对准东、南、西、北、东南、东北、西南、西北八个方向，每条龙的嘴里都含着一个铜球。在正对龙嘴的地方，蹲着八个仰头、张嘴的铜蟾蜍[6]。地动仪的内部结构非常精细巧妙，当某个方向发生地震时，仪器上对着那个方向的龙嘴就会张开，铜球就会掉进铜蟾蜍的嘴里，相当于自动报告了发生地震的方向。138年的一天，地动仪西边的龙嘴吐出了铜球。果然，远在千里之外的陇西（今甘肃省）在这一天发生了地震。这是人类历史上第一次用仪器测报地震。

张衡还制造出了世界上第一架测量天体位置的浑天仪。凡是已知的重要天文现象，都刻在这架仪器上，人们可以通过浑天仪观测到日月星辰运行的情况。人们非常敬重张衡，经常举行纪念活动表示对他的敬意，月球上有一座环形山是以他的名字命名的。

三、农历与节气

相传中国的农历创始于黄帝时代和夏商时期，当时是阴月阳年的历法，也就是阴阳合历，农历大月30天，小月29天，以闰月[7]的方式实现农历年与天文年的同步，农历用二十四节气来确定月份，每个月份的时间都符合一年的季节变化。

二十四节气起源于黄河流域，后来传播到中国各地。二十四节气根植于中国传统农耕文化，是中华民族特有的文化符号。中国古代先民观察太阳的周年运动轨迹，把一年划分为二十四个等份[8]，并把每一等份设定为一个节气。这些节气包括立春、雨水、惊蛰（zhé）、春分、清明、谷雨、立夏、小满、芒种、夏至、小暑、大暑、立秋、处暑、白露、秋分、寒露、霜降、立冬、小雪、大雪、冬至、小寒、大寒，统称为二十四节气。二十四节气涵盖气候变化、物候[9]特点、农作物生长等方面的内容，使人们能够更精确地了解时令季节、气候、物候的变化，人们可以依此协调农业生产，并由此形成独特的民俗文化。

二十四节气是中国农历的重要组成部分，与现代气象科学相符，反映出古代中国人顺应自然规律，与自然和谐相处的智慧与精神。二十四节气在历史上为多地、多民族所采用，并在东亚、东南亚国家产生了深远的影响。2016年，二十四节气入选了人类非物质文化遗产代表作名录。2022年，北京冬奥会开幕式采用二十四节气进行倒计时，生动展现了中国文化的魅力。

除了用二十四节气确定月份之外，中国农历使用干支[10]纪年，即10个天干[11]和12个地支[12]按顺序相配共同形成60对组合，因此农历年以60年为一个周期，有"六十一甲子"的说法。从1912年开始，中国改用世界通用的公历。直到今天，农历这一历法在中国仍有重要价值，中国的传统节日如春节、中秋节等都是基于中国农历来标记的，很多人过生日也依然按照农历日期过。

四、茶叶与水稻的栽培

茶树的种植起源于中国。中国人从两三千年以前就开始种植茶树。汉代的《神农本草经》一书中记载了古代中国人发现茶叶的过程。传说神农氏尝百草，日遇七十二毒，得茶解之。历史上，中国人对于茶叶的使用经历了药用、食用和饮用的不同阶段。饮茶习俗在先秦时就已经有了，到秦汉时期茶的价值还是以药用为主。自隋唐时期起，茶已经成为各地流行的饮品，并形成了茶文化，饮茶习俗也更为讲究。中国现存最早的完整介绍茶的专著是唐代"茶圣"陆羽所著的《茶经》。该书涵盖了茶的历史、产地、采制、茶艺、功效等，对中国茶文化的发展有着不可替代的推动作用。

中国是世界上最早进行水稻栽培的国家之一。考古研究证明，长江流域地区在新石器时代就已经开始种植水稻，中国的水稻种植至少有七千年的历史。南宋时期，水稻的种植技术有了比较大的进步，水稻产量提高，南方产的稻米开始在全国范围内供应，有"苏湖熟，天下足"的说法。后来，水稻种植逐渐从南方推广到北方，目前中国南方和北方的很多地区都有水稻种植。长期以来，中国人非常重视对水稻栽培技术和耕作技术的革新以及农田水利的建设，这些都大力促进了中国水稻种植的发展。中国也是世界上最早用文字记载水稻品种与栽培方式的国家，相关内容记载在《稻品》《耕织图》

等书画作品中。

五、算盘与珠算

算盘是中国人在长期使用算筹（chóu）的基础上发明的。古时候，人们用小木棍进行计算，这些小木棍叫算筹。用算筹作为工具进行的计算叫筹算。后来，随着生产的发展，需要计算的数目越来越大，用小木棍计算受到了限制，于是，人们又发明了更先进的"计算器"——算盘。

世界上有各种形式的古算盘，其中中国的串珠算盘较为先进，因其灵便和准确等特点而被广泛应用。中国算盘是长方形的，四周是木框，里面固定着一根根小木杆，每根木杆代表一个数位[13]。小木杆上穿着木珠，中间有一根横梁把算盘分成两部分：每根木杆的上半部有两个珠子，每个珠子代表数字五；下半部有五个珠子，每个珠子代表数字一。

随着算盘的使用，人们总结出许多计算口诀[14]，加上熟练的手指技巧，使计算的速度大大快于笔算。这种用算盘计算的方法，叫珠算。到了明代，珠算已能进行加减乘除的运算，广泛用于计算物体的重量、数量、面积、体积等。

由于算盘制作简单，价格便宜，珠算口诀便于记忆，运算又简便，所以算盘在中国曾被广泛使用。算盘后来流传到了日本、朝鲜等周边国家和地区。2013年，中国珠算被列入人类非物质文化遗产代表作名录。

六、丝绸

丝绸最早起源于中国。蚕桑文化是东亚农耕文明的重要组成部分。中国的养蚕历史可以追溯[15]到四五千年以前。传说嫘祖[16]发明了种桑养蚕。唐宋以后，中国的纺织机器大大改进，纺织工艺日趋完善，印染、刺绣等工艺使丝绸更加多彩绚烂。

在纸发明以前，丝绸曾经是昂贵的书写载体。当然，丝绸的主要功用是制作衣物。长期以来，古代中国是世界上唯一生产丝绸的国家，自西汉丝绸之路开辟以后，丝绸就传到了西方国家。丝绸的魅力深深吸引了西方人，古罗马人称中国为"丝国",穿中国丝绸成为其王公贵族的一种时尚。现在,丝绸作为纺织品的一个种类,价格仍然昂贵。中国传统的桑蚕丝工艺于2009年被列入人类非物质文化遗产代表作名录。

中国丝织制品中最为精致的是织锦,其中云锦、蜀(shǔ)锦、宋锦、壮锦被称为四大名锦。南京的云锦于2009年被列入人类非物质文化遗产代表作名录。

生词表

(1) 并驾齐驱(bìng jià qí qū):比喻齐头并进,不分前后。也比喻地位或程度相等,不分高下。

(2) 望尘莫及(wàng chén mò jí):只望见走在前面的人带起的尘土而追赶不上,形容远远落后。

(3) 磁石(cí shí):磁铁矿的矿石。

(4) 导航(dǎo háng):利用航行标志、雷达、无线电装置等引导飞机或轮船等航行。

(5) 逐字逐句(zhú zì zhú jù):挨次序一字一句地。

(6) 蟾蜍(chán chú):两栖动物,身体表面有许多疙瘩,内有毒腺,能分泌黏液,吃昆虫、蜗牛等小动物,对农业有益。通称癞蛤蟆或疥蛤蟆。

(7) 闰月(rùn yuè):农历三年一闰,五年两闰,十九年七闰,每逢闰年所加的一个月叫闰月。闰月加在某月之后就称闰某月。

(8) 等份(děng fèn):分成的数量相等的份。

(9) 物候(wù hòu):生物的周期性现象(如植物的发芽、开花、结实,候鸟的迁徙,某些动物的冬眠等)与季节气候的关系,也指自然界非生物变化(如初霜、解冻等)与季节气候的关系。

(10) 干支(gān zhī):天干和地支的合称。拿十干的"甲、丙、戊、庚、壬"和十二支的"子、寅、辰、午、申、戌"相配,十干的"乙、丁、己、辛、癸"和十二支的"丑、卯、巳、未、酉、亥"相配,共配成六十组,用来表示年、月、日的次序,周而复始,循环使用。干支最初是用来纪日的,后来多用来纪年,现农历的年份仍用干支纪。

(11) 天干(tiān gān):甲、乙、丙、丁、戊、己、庚、辛、壬、癸的统称，传统用作表示次序的符号。也叫十干。

（12）地支（dì zhī）：子、丑、寅、卯、辰、巳、午、未、申、酉、戌、亥的统称，传统用来表示次序的符号。也叫十二支。

（13）数位（shù wèi）：数字在数中所占的位置，如十进制数整数部分从右向左依次为个位、十位、百位……，小数部分的数位从左向右依次为十分位、百分位、千分位……。

（14）口诀（kǒu jué）：根据事物的内容要点编成的便于记诵的语句。

（15）追溯（zhuī sù）：逆流而上，向江河发源处走，比喻探索事物的由来。

（16）嫘祖（Léi zǔ）：传说中黄帝的妻子，发明养蚕。

练习与讨论

1. 你们国家的新年是什么时候？用的是什么历法？你知道中国的农历新年是什么时候吗？中国的农历有什么特点？

2. 中国人一般有两个生日，其中一个是农历生日，你们国家的文化中有这样的情况吗？

3. 你们国家使用节气吗？你们有与节气或季节相对应的特色活动吗？

4. 中国古代的四大发明是什么？各有什么作用？

5. 你知道丝绸之路吗？为什么它被称为丝绸之路？你们国家与古代丝绸之路有关系吗？

6. 讨论题：你喝过中国的茶吗？如果喝过，你们国家的茶跟中国的茶有什么不同？对比分析中国的饮品和你们国家的传统饮品。

第十三课　传统建筑

导言　在五千多年的漫长历史中，中国人创造了风采独具的中国传统建筑。从宫廷殿阁（gé）到园林和民居，精巧的结构和丰富的造型，体现了富有东方情调的建筑特色。中国现存的古建筑大多是唐代以后的，因为中国古代建筑是以木结构为主的，而木材不如石头耐久，所以唐代以前的建筑大都已经消失在历史的长河里了。

中国传统建筑主要包括宫廷建筑、宗教建筑、园林、民居等几大类。最能体现宫廷建筑成就的是北京故宫。北京故宫至今有五百多年历史，是世界上现存规模最大、保存最完整的古代宫殿建筑群。宗教建筑主要有寺庙、佛塔、石窟[1]等。寺庙大都遍布在中国大江南北的深山里。山西南禅（chán）寺和佛光寺都是唐朝的建筑，两寺的正殿是中国现存最早的木结构建筑。

中国园林是由建筑、山水、花木组成的综合性艺术。明清园林代表了中国古典园林的最高成就。中国传统民居发展到明清，已形成鲜明的地方特色，如四合院、客家土楼、蒙古包和吊脚楼等，都体现出鲜明的地方特色和民族特色。

一、故宫与天安门

在北京的中心，有一座城中之城，这就是紫禁城。现在人们叫它故宫，也叫故宫博物院。

紫禁城的城墙高近十米，有四座城门。宫城呈长方形，有大小宫殿七十多座、房屋九千多间。城墙外是五十多米宽的护城河。

紫禁城的正门是午门，俗称五凤楼。走进午门，是一个宽敞的庭院，弯弯的金水河像一条玉带横贯[2]东西。河上是五座精美的汉白玉[3]石桥。桥的北面是太和门，一对威武的铜狮子守卫在门的两侧。

进了太和门，就到了紫禁城的中心——三大殿，即太和殿、中和殿、保和殿。太和殿俗称金銮（luán）殿，高约35米，面积2380多平方米，是故宫里最大的殿堂。三大殿建筑在紫禁城的中轴线上，这条线也是北京城的中轴线。太和殿是举行重大典礼的地方，皇帝即位[4]、生日、婚礼等典礼都是在这里接受朝贺的。

太和殿后面是中和殿。这是一个亭子形状的方殿。举行大典前，皇帝先在这里休息。中和殿后面是保和殿，殿前广场是举行中国古代科举最高一级考试——殿试的地方。

从保和殿出来，下了石级，是一片长方形小广场。它把紫禁城分为前后两大部分。广场北面叫内廷，是皇帝和后妃们起居生活的地方，主要建筑有乾（qián）清宫、交泰殿、坤（kūn）宁宫和东西六宫。东西六宫是妃嫔[5]居住的地方，也就是俗称的"三宫六院"。

紫禁城北门的对面就是景山。景山是明代修建紫禁城的时候，用护城河中挖出的泥土堆起来的一座假山，现在成了风景优美的景山公园。站在景山的高处望故宫，可以看到重重宫殿、层层楼阁、道道宫墙，这样宏伟的建筑群，这样和谐统一的布局，令人十分惊叹。

二、古典园林

中国各地的古典园林，风景优美，建筑奇特，是中外游人向往的游览胜地。中国古典园林的最大特点是讲究自然天成。古代的园林设计家在建园时，巧妙地把大自然的美景融合在人造的园林中，使人能从中欣赏到大自然的奇峰、异石、流水、湖面、名花、芳草，感觉就像在画中游览一样。

中国古典园林在布局上还有含蓄、变化、曲折的特点，比如园路要曲径[6]通幽,讲究景中有景,一步一景;园中的建筑要与自然景物交融在一起,形状式样丰富多样;花草树木要高低相间,四季争艳。

中国古典园林的另一个特点是巧妙地将诗画艺术和园林建筑融于一体。如园林建筑上的匾额、楹联、雕梁画栋等,形成了中国古典园林艺术的独特风格。

中国古典园林大致可以分为北方皇家园林和南方私家园林两类。北方的皇家园林往往用的是真山真水,并且集中了各地建筑的精华。黄色的琉璃瓦、朱红的廊柱、洁白的玉石雕栏、精美的雕梁画栋等,色彩华美,富丽堂皇。保存到现在的著名皇家园林有北京颐和园、北海公园、承德避暑山庄等。

南方的私家园林大多建在苏州、南京、杭州和扬州一带,比较有代表性的有苏州的留园、拙(zhuō)政园,无锡的寄畅园,扬州的个园等。苏州园林位于江苏苏州,是中国古典园林的突出代表。苏州园林大多位于城市中,一般面积不大,但经过建筑家的巧妙安排,园中有山有水,景物多变,自然而宁静,是文化意蕴深厚的文人写意山水园。

三、传统民居与四合院

住宅是中国所有建筑物中出现最早、使用最多的建筑类型,因而也是最基本的一种类型。中国地域辽阔,历史悠久,人口和民族众多,因此不同的自然地理条件和生活方式,形成了不同风格和不同形式的住宅。中国的代表性民居有北京四合院、徽(huī)州民居、福建土楼、黄土高原的窑洞、西南地区的竹楼、维吾尔族的庭院、蒙古族的蒙古包等。

一般来说,北方寒冷多风,房屋建筑多正南正北方向,庭院比较大,墙体比较厚,这样可以充分接受日照,避免寒风;南方炎热潮湿,建筑不一定正南正北方向,墙体比较薄,庭院比较小,而且门窗比较多,利于通风。

徽州民居是中国江南民居的代表,以马头墙和天井[7]为标志性特征。徽派建筑大多是粉墙[8]黛[9]瓦,与周围的青山绿水相映照,仿佛中国的山水画。福建土楼是客家人的传统民居,依山而建,夯土为屋。土楼外观呈黄色,以圆形为主。土楼体现的是平等聚居的观念,土楼内部各家各户地位平等，没有高低贵贱之分。云南傣（dǎi）族的竹楼是干栏式建筑，建筑形式适应西南地区多雨潮湿的气候，上层住人，下层存放杂物、圈养牲畜。蒙古包则是北方游牧民族的传统居住方式，由毡帐和木条等建构，材料轻便，易于建造和拆卸（xiè），是草原文化的体现。

北方的汉族民居以四合院为代表，因为它的基本形式是由东西南北四个方向的几座单独的建筑连接而成的一个方形院落，所以叫四合院。其中，北京四合院最具有代表性。

北京四合院是一个对外封闭、对内开放的院落，一般有朱红色的大门和青灰色的砖瓦房，与故宫等皇家建筑形成对照。传统的四合院里住着大家庭，往往是几代同堂，家人按长幼尊卑分别住在不同的房间。现在北京市中心还保留着一些完整的四合院，其中以恭王府的四合院最为著名。

四、佛教四大石窟

佛教四大石窟指的是甘肃敦煌的莫高窟、山西大同的云冈石窟、河南洛阳的龙门石窟和甘肃天水的麦积山石窟。这四个石窟是以佛教艺术为特色的巨型石窟艺术景观。

莫高窟，又称"千佛洞"，开凿[10]于前秦，至元代基本结束。石窟南北长1600多米，分为上下五层，有492座小石窟和洞穴庙宇。莫高窟以彩塑[11]雕像和壁画闻名于世，有"沙漠中的美术馆""墙壁上的博物馆"等美称。

云冈石窟展示了公元5—6世纪中国石刻艺术的最高水平，共有窟龛252个，石刻造像51 000多尊，宗教题材丰富多彩，记录并反映了佛像造像在中国逐渐世俗化、民族化的历史轨迹和过程，是佛教石窟艺术中国化的开始。

龙门石窟开凿于5世纪末，迄今已经有一千五百多年的历史了。现存石窟1300多座，佛像10万多尊，其中最大的佛像高约17米，最小的佛像仅高2厘米，它们代表了中国石刻艺术的最高峰。

麦积山石窟开凿于公元4—6世纪，它以精美的泥塑[12]著称，被誉为"东方艺术陈列馆"。

四大石窟都分布在古代丝绸之路沿线，反映了历史上佛教在中国传播的大致情况。四大石窟不仅是中国的文化瑰宝，也是世界重要的文化遗产。

五、天坛

天坛位于北京市南部，是明清两代帝王祭祀上天、祈祷五谷丰登[13]的场所，也是世界上最大的祭天建筑群。北京天坛始建于15世纪初，有两重垣墙[14]，分为内坛和外坛。天坛的主要建筑都集中于内坛南北的中轴线上。圜丘坛在南，用于冬至日祭天，主要建筑是圜丘坛、皇穹宇等；祈谷坛在北，用于春季祈祷丰收，主要建筑有祈年殿、皇乾殿、祈年门等。外坛和内坛中间有墙相隔，并由一条长360米的神道相连。

天坛体现了中国古人天人合一的哲学观和天圆地方的宇宙观，也反映了古代帝王作为"天子"在天地关系中所起的特殊作用。祈年殿是祈谷坛的主要建筑，屋顶采用的是蓝色琉璃瓦，体现了"天蓝地黄"的传统观念。大殿由28根金丝楠木大柱支撑，分内、中、外三层环形排列。其中，最中间的4根大柱叫龙井柱，象征一年四季；中间12根大柱叫金柱，象征一年12个月；外层12根柱子叫檐柱，象征一天12个时辰；中、外两层共24根柱子，象征24个节气。这些生动展现了中国古代"象天法地"的建筑手法。1998年，天坛被列入世界遗产名录。

六、古代桥梁

桥梁是中国传统建筑中的一个重要组成部分。几千年来，勤劳智慧的中国人修建了数量众多的奇巧壮丽的桥梁，这些桥梁横跨在山水之间，便利了交通，成为中华文明的标志之一。

西安灞桥是中国最古老的石柱礅[15]桥，建于汉代。灞桥全长386米，有64个桥洞，自古就是连接古都长安及其以东广大地区的交通要道，为中国已知时代最早、规模最宏伟、桥面跨度最长的一座大型多孔石拱桥。古时候，长安人送别亲友，一般都要送到灞桥，并折下桥头柳枝相赠。久而久之，"灞桥折柳送别"就成了一种特有的习俗。现在，经过整修的灞桥已经焕然一新，周围的风景依然动人。

位于河北赵县的赵州桥，建于1400多年前的隋代，是世界上第一座用石头建造的单孔拱桥。它的设计者李春，是一位著名的工匠。赵州桥的设计有许多独到之处：50多米长的赵州桥，桥面坡度非常平，便于车马、行人上下；桥拱两肩上的四个小拱洞，不但节省了石材，减轻了桥的重量，还加大了洪水的流量。这些精心的设计和高超的技术，使古老的赵州桥至今仍十分坚固。

北京城外永定河上的卢沟桥，已经有900多年的历史，是一座中外闻名的桥梁。卢沟桥全长260多米，桥两侧200多根护栏石柱上雕刻有形态各异的石狮子，这也是卢沟桥上最有趣的景致。游人到此游玩，总忍不住要数一数上面有多少个石狮子。

中国古代著名的桥梁还有很多，如晋江的五里长桥平安桥、杭州西湖的九曲桥、苏州的宝带桥、北京颐和园的玉带桥等。

生词表

(1) 石窟（shí kū）：古时一种就着山崖开凿成的寺庙建筑，里面有佛像或佛教故事的壁画和石刻等，如我国的敦煌、云冈和龙门等石窟。

(2) 横贯（héng guàn）：（山脉、河流、道路等）横着通过去。

(3) 汉白玉（hàn bái yù）：一种白色的大理石，质地致密，可以做建筑和雕刻的材料。

(4) 即位（jí wèi）：指开始做帝王或诸侯。

(5) 妃嫔（fēi pín）：妃和嫔，泛指皇帝的妾。

(6) 曲径（qū jìng）：弯弯曲曲的小路。

(7) 天井（tiān jǐng）：宅院中房子和房子或房子和围墙所围成的较小的露天空地。

(8) 粉墙（fěn qiáng）：指白色的墙（多指用白垩等粉刷过的墙）。

(9) 黛（dài）：青黑色。

(10) 开凿（kāi záo）：挖掘（河道、隧道等）。

(11) 彩塑（cǎi sù）：民间工艺，用黏土捏成各种人物形象，并涂上彩色颜料。也指彩塑的工艺品。

（12）泥塑（ní sù）：民间工艺，用黏土捏成各种人物形象。也指用黏土捏成的工艺品。

（13）五谷丰登（wǔ gǔ fēng dēng）：五谷，五种谷物，古书中有不同的说法，通常指稻、黍、稷、麦、豆，泛指粮食作物；丰登指丰收。

（14）垣墙（yuán qiáng）：墙。

（15）礅（dūn）：厚而粗大的整块石头。

练习与讨论

1. 故宫在哪儿？有什么特点？你们国家最有名的宫殿建筑是什么？有什么特点？跟故宫相比有什么异同？

2. 中国古代四大石窟指的是什么？分别在什么地方？有什么不同的特点和文化意义？

3. 你知道的中国园林建筑有哪些？你最喜欢哪个园林？为什么？你们国家有哪些著名的园林？

4. 天坛是一种什么建筑？体现的文化内涵是什么？你们国家有类似的建筑吗？你们国家有哪些标志性建筑？

5. 角色扮演：如果你是一名导游，请选择一个中国的名胜古迹，并将其做成海报的形式，讲解和回答有关这个旅游景点的特点、相关历史故事和文化意义等。

6. 讨论题：对比中国和你们国家的传统民居的异同。

第十四课 饮食文化

导言 "民以食为天",饮食对普通人来说是一件非常重要的事。中国历史悠久,国土辽阔,民族众多,物产丰富。各地物产和生活习俗不同,饮食习惯也有明显差异。一般来说,中国人一日三餐以米、面为主食,主食的制作方法种类繁多,品种也丰富多样。

中国菜肴体现了中国饮食文化的博大精深。中国菜用料丰富,注重色、香、味、形俱佳。由于各地气候、物产、生活环境和生活习惯不同,人们的口味也不尽相同,因此形成了具有地方特色的饮食文化。最具有代表性的是鲁菜、川菜、粤菜和淮扬菜,也可细分为鲁菜、川菜、苏菜、粤菜、浙菜、闽菜、湘菜、徽菜八大菜系。

除了各大菜系之外,中国各地还有不少风味小吃,这些在人们的饮食生活中同样是不可或缺的组成部分,也是中国饮食文化非常生动的体现。除了中国人日常的饮食习惯以外,地方菜系、风味小吃、茶与酒也是构成中国饮食文化的重要内容。

一、中国人的日常饮食

一般来说,中国人的饮食主要由主食、副食和饮品三部分构成。

中国人以米饭和面食为主食。由于气候差异,中国南北方的主食也是有差别的。南方和部分北方是水稻产区，以米饭为主食；秦岭—淮河以北广大地区及部分南方山地是种植小麦的地区，以面食为主食。此外，还有一些地方种植青稞（kē）、玉米、高粱等作物，日常生活以杂粮为主食。

副食是相对于主食而言的菜类食品，是主食的补充食物，包括蔬菜、肉蛋奶、水产品、豆制品等。饮品主要是茶和酒。

中国人的饮食方式分生食和熟食两种。熟食的烹饪[1]方式有多种，烧、烤、蒸、煮、炖、炒、烙（lào）、熘（liū）等。调味品是烹调过程中用于调和食物口味的原料的总称。中国的调味品种类极为丰富，有近百种之多。根据味道不同，分为咸、甜、酸、辣、麻和鲜六大类。

中国南北的饮食习惯略有差异。南方以大米为主食，早餐多吃米粥（zhōu）、米粉[2]等，午餐、晚餐多吃米饭；北方以面食为主食，主食有馒头、包子、面条等。中国人日常饮食还有一些特点，比如中国人喜欢吃热菜和炒菜，同时也喜欢把蔬菜和肉类放在一起炒；在口味上有"南甜北咸，东辣西酸"的说法，反映了不同地区饮食口味的偏好。此外，中国还有一句俗语"早上要吃好，中午要吃饱，晚上要吃少"，体现了中国人健康饮食的理念。不过现代中国人的饮食内容、口味和习惯发生了很多变化，呈现出多样化的特点。

中国人的餐具中以筷子最具特色。普通人家所用的筷子一般是竹制或者木制的，用筷子吃饭夹菜，不仅能活动手臂和手指，而且对大脑也有好处。有心理学家认为，孩子从小就使用筷子，更加心灵手巧。

二、中国菜

中国菜的特点有很多，主要包括色香味俱全、调料丰富、烹饪方法多样、讲究刀工和火候[3]等。中国菜中颇具代表性的有饺子、北京烤鸭、火锅、广式早茶等。饺子是北方人日常饮食的一部分，也是传统节日食品之一，除夕夜吃饺子是北方春节的传统习俗。北京烤鸭是备受国内外食客喜爱的中国名菜，具有色泽红艳、肉质细腻、肥而不腻、口感醇厚[4]的特点。很多来北京的外国人都会品尝北京烤鸭。火锅在中国各地都受到欢迎，其中四川火锅和重庆火锅最为有名。火锅体现了中国人合餐共食的传统，同时也象征着红红火火的热烈气氛,表达了中国人对美好生活的追求。广式早茶,又叫"点心",在海外比较有名,受到海外华侨和外国人的喜爱。

长期以来,由于地理环境、气候物产、文化传统以及民族习俗等因素的影响,各个地区产生了具有一定亲缘关系、风味相近、知名度较高并为很多群众喜爱的地方风味菜,这些地方风味菜形成的流派就叫作菜系。依据地理位置和地方口味区分这些菜系,其中最有影响和代表性的,并为社会普遍公认的有四大菜系:黄河下游的山东菜系(鲁菜)、长江上游的四川菜系(川菜)、长江中下游及东南沿海的江苏和浙江菜系(苏菜)、珠江及南方沿海的广东菜系(粤菜)。如果再细分,又可以分为鲁菜、川菜、粤菜、闽菜、苏菜、浙菜、湘菜、徽菜,这就是人们常说的中国八大菜系。一个菜系的形成和其悠久的历史是分不开的。在八大菜系之外,东北菜、西南菜、清真菜、朝鲜菜等也具有浓厚的地方特色。

鲁菜也称山东菜,由济南菜、胶东菜和孔府菜三大地方菜组成。鲁菜的形成、发展与山东的文化历史、地理环境、经济条件和习俗爱好有关。鲁菜是北方菜系的代表,对北京的"宫廷菜"影响很大。鲁菜讲究调味纯正,以咸鲜味道为主,十分讲究清汤和奶汤的调制,清汤色清而鲜,奶汤色白而醇。鲁菜的独创技法是扒[5],扒法菜肴整齐成型,味浓质烂,其中德州扒鸡最为有名。鲁菜的名菜有糖醋黄河鲤鱼、油焖大虾等。

川菜是最有特色的菜系之一,有"天府之国"之称的四川以其得天独厚的物产条件形成了中国主要菜系之一的川菜。川菜历史悠久,源远流长,不但闻名全国,而且蜚声[6]海外,如今川菜馆已遍布世界。川菜重视选料,讲究色香味形,尤其以味的多、广、厚著称。川菜调味,离不开"三椒"(辣椒、胡椒、花椒)和姜,以辣、酸、麻为特点,为其他地方菜所少有,故而形成川菜的独特风味,有"食在中国,味在四川"的美誉。川菜善于综合调味,收汁时在咸、甜、麻、辣、酸五味的基础上加上各种调料,形成各种复合味,如家常味、鱼香味、荔枝味、怪味等。川菜的代表菜有麻婆豆腐、夫妻肺(fèi)片、怪味鸡等,因其深受大众喜爱,而被称为"百姓菜"。

苏菜又称"淮扬菜",是由苏州、扬州、南京等地菜肴为代表而构成的。苏菜的特点是原汁原汤,口味平和,咸中带甜。苏菜用料讲究,注重配色,讲究造型,四季有别。苏州菜口味偏甜,扬州菜刀工精细,南京菜尤以制鸭负有盛名。苏菜著名的菜肴有清炖狮子头、扬州炒饭等。

粤菜是以广州、潮州、东江三地的菜为代表形成的，起步比较晚，但是影响极大，海外的中餐馆以粤菜为主，民间还有"食在广州"的说法。粤菜吸取西式面点和外来饮食中的优点，与民族传统饮食文化相融合。粤菜讲究鲜、嫩、爽、滑，夏秋力求清淡，冬春偏重醇厚。粤菜著名的菜品有烤乳猪、盐焗（jú）鸡等。

三、地方小吃

除了各大菜系的正菜以外，中国各地还有很多风味小吃，如北京的驴（lú）打滚、天津的狗不理包子、上海的生煎包、广东的艇仔粥等。它们的共同特点是带着浓郁的地方特色，洋溢着浓浓的乡情，而且大多价格低廉。要想吃到正宗的地方小吃，最好是亲自去原产地品尝。

驴打滚又称豆面糕，是北京小吃中的古老品种之一。驴打滚的原料是黄米，黄米面加水蒸熟，和[7]面时稍微多加一点水，和得软一些。同时将黄豆炒熟后，碾[8]成粉，再把蒸熟的黄米面沾上黄豆粉擀成皮，然后抹上红豆沙卷起来，切成一个一个小块，最后撒上白糖，驴打滚就做成了。驴打滚的特点是香、甜、黏，有浓郁的黄豆粉香味。豆面糕为什么叫驴打滚呢？这是因为面糕制成后放在黄豆面里滚一下，就像驴子在郊野打滚扬起灰尘似的，所以叫驴打滚。现在的驴打滚一般都不用黄米了，改用糯（nuò）米，但沾上了黄豆粉后还是黄色的。驴打滚是京津一带人们非常喜爱的一种小吃。

到天津旅游的人一般都会去吃狗不理包子。狗不理包子好吃的关键在于其选料、配料以及揉面、擀[9]面都有绝招儿，特别是包子褶（zhě）匀称，每个包子都不少于15个褶。最初的狗不理包子铺叫"聚德号"，有一百多年的历史了。店主名叫高贵友，他的小名叫狗子。高贵友的包子很受顾客欢迎，生意越做越火，狗子卖包子忙得没时间跟顾客说话，人们就笑他"狗子卖包子，谁都不理"。时间久了，喊顺了嘴，就叫"狗不理"了。包子出名了，高贵友的本名反倒被忘记了。如今，狗不理包子仍然很受欢迎。

生煎包是上海的地方小吃，已经有上百年的历史了。生煎用半发酵（jiào）的面粉做成面皮后，包上鲜肉和肉皮冻，一排排地放在平底锅里煎，在煎制的过程中还要淋几次凉水,最后撒上葱花和芝麻就大功告成了。生煎包底酥、皮薄、馅香。一口咬下去,肉汁裹着肉香、油香、葱香、芝麻香,味道好极了。

艇仔粥以鱼片、炸花生等多种配料加在粥中制作而成,是过去一些水上人家用小船在荔(lì)枝湾河面卖的一种广东小吃。小船,在广东俗称艇,所以这种粥叫艇仔粥。艇仔粥汇集多种原料之长,多而不杂,爽脆软滑,鲜甜香美,适合大众口味。艇仔粥最早是从鱼生发展而来的。《南越游记》中记载,岭南人喜欢把鲜活的草鱼剁成碎末,配上瓜子、花生、萝卜、木耳、芹(qín)菜、粉丝等,这种小吃就叫鱼生。后来,人们又把鱼生放进粥里,就有了鱼生粥,也就是艇仔粥。现在珠江河面的船家已经迁到岸上居住,艇仔粥也走进了大酒店和小食铺。

四、茶文化

中国是茶的故乡,中国人饮茶已经有四千多年的历史了。饮茶是中国人饮食文化中不可或缺的一部分,也被列入日常生活"开门七件事"之中。

茶最开始是一种治病的药,到西汉才开始被当作饮料,而且那时的茶是只有贵族才能喝得起的饮品。到了唐代,饮茶渐渐成为普通人的一种习惯。当时,出了一位茶叶专家陆羽,他总结了种茶、制茶、饮茶的经验,写出了中国第一部茶书——《茶经》。此后,饮茶习俗和文化逐渐丰富起来了。

中国人的饮茶习俗,不仅色、香、味、形、器俱全,还讲究水、时、温等。其中,色,指茶叶、茶水呈现的色泽;香,指茶叶、茶水的香气(自然香);形,指条形茶叶的外形、嫩度和净度;味,指茶叶煮或冲泡后茶水的滋味;器,指成套的茶具,包括壶、杯、盘,中国人使用的茶具不仅讲究小巧、造型精美,还讲究质地;水,指泡茶用的水,选用山泉水最好;时,指煮茶的火候或泡茶的时间;温,指泡茶的水温要适中。

在中国,饮茶已经是一种独特的文化现象。茶馆是中国人休息、消遣[10]和社交的场所。各地茶馆,如北京茶馆、四川茶馆、广东茶楼等都有各自鲜明的特色和习俗。人们在茶馆里喝茶、吃点心、会朋友、欣赏文艺表演,可谓休息、娱乐一举两得。中国人常以茶待客、以茶会友,通过品茶来修身养性。这些都体现了中国特有的茶文化。

中国各地喝茶习惯不同,喜好的品种也不一样。北方人爱喝红茶、花茶,南方人爱喝绿茶,边疆少数民族爱喝砖茶,蒙古族人爱喝奶茶,藏族人爱喝酥油茶,等等。有些地方的人,在喝茶时还喜欢往茶里放一些佐料,如盐、姜、炒过的黄豆和芝麻等。人们喝茶时边摇边喝,所以不少地方又称喝茶为"吃茶"。

五、酒文化

中国是世界上最早酿造酒的国家之一,有着几千年的饮酒历史。中国民间传说认为仪狄和杜康是造酒的始祖,但其实他们很可能是总结了前人的造酒原理并发扬光大的人。

中国是世界上最早制曲[11]酿酒的国家,早在三千多年前的商代就已经能大规模地制曲和用曲酿酒了。在殷墟的出土文物中,有酿酒的大缸和大量酒器。酒曲的发明,是中国祖先对人类酿酒业的一项重大贡献,后来传到日本、印度和东南亚等国。

在古代,酒主要用于祭祀和助兴[12]。春秋战国时期,酒是祭祀、庆祝胜利和接待来宾等必不可少的饮品。魏晋时期,饮酒成为一种社会风气。古代文人作诗必饮酒,饮酒必作诗。中国古代许多著名的文人喜欢饮酒,并从中获得艺术灵感,如唐代诗人李白被称为"酒仙"。我们有时在影视作品中会看到古代的很多酒店门口挂着"太白遗风"的幌子[13]。

中国人饮酒从元代时就形成了一套礼仪。古代饮酒的礼仪一般来说有四步:先做出拜的动作,表示敬意;接着把酒倒出一点在地上,以感谢大地生养之德;然后稍尝一口酒并加以赞扬,对主人表示感谢;最后仰杯而尽。

在酒宴上,主人为客人斟酒应从长者开始,客人接受主人敬酒时要双手扶杯,与人碰杯时自己的酒杯要比对方酒杯低一些,以示尊敬。向别人敬酒时讲究"先干为敬",也就是要把自己杯中的酒先喝干,受敬者也要以同样的方式回报。如果酒量不济[14],要婉言[15]说明。敬酒时要说上几句敬酒词。这套敬酒的礼节至今还保存在中国人的日常生活中。

除了饮酒的礼仪以外,古人还讲究"酒德",也就是说饮酒者要有德行,要有度。中国有很多饮酒的习俗,例如婚宴上的酒被称为"喜酒",在婚礼上新郎和新娘要喝"交杯酒",以示百年好合。现在中国人饮酒主要是为了活跃气氛、增进友谊,拉近人与人之间的关系。酒在中国人的物质生活、精神生活、社会交往中起着重要作用。

生词表

(1) 烹饪(pēng rèn):做饭、做菜。

(2) 米粉(mǐ fěn):大米加水磨成浆,过滤后弄成团,然后制成的细条食品,可煮食。

(3) 火候(huǒ hou):烧火的火力大小和时间长短。

(4) 醇厚(chún hòu):(气味、滋味等)纯正浓厚。

(5) 扒(pá):烹调方法,先将原料煮到半熟,再用油炸,最后用文火煮烂。

(6) 蜚声(fēi shēng):扬名。

(7) 和(huó):在粉状物中加液体搅拌或揉弄使有黏性。

(8) 碾(niǎn):滚动碾砣子等使谷物去皮、破碎,或使其他物体破碎、变平。

(9) 擀(gǎn):用棍棒来回碾(使东西延展变平、变薄或变得细碎)。

(10) 消遣(xiāo qiǎn):做自己感觉愉快的事来度过空闲时间;消闲解闷儿。

(11) 曲(qū):用曲霉和它的培养基(多为麦子、麸皮、大豆的混合物)制成的块状物,用来酿酒或制酱。

(12) 助兴(zhù xìng):帮助增加兴致。

(13) 幌子(huǎng zi):商店门外表明所卖商品的标志。

(14) 不济(bù jì):不好;不顶用。

(15) 婉言(wǎn yán):婉转的话。

练习与讨论

1. 中国人一日三餐主要吃什么?与你们国家的日常饮食有什么相同和不同的地方?

2. 中国四大菜系的特点与当地的地理位置、气候、物产有什么关系？你们国家有没有不同的菜系？如果有，都有什么特点？

3. 中国人饮酒的主要目的是什么？你认为中国人饮酒有什么特别的习俗吗？与你们国家的酒文化有什么不同？

4. 在你们国家，饮食内容和习俗方面有什么禁忌？这些禁忌的含义是什么？

5. 你吃过中国的小吃吗？请列举你所知道的中国小吃。

6. 讨论题：全球化对中国和你们国家饮食文化的影响。

第十五课 传统节日

导言　中华文明具有五千多年的历史，在漫长的历史长河里，中国人创造了很多具有特色的节日，这些节日给人们的生活带来了许多快乐。中国传统节日大多历史悠久，至汉代时中国的主要节日如春节、元宵节、端午节等均已成熟。

中国的传统节日具有一些鲜明的特点。首先，中国的传统节日体现了农业文化的特色。中国的传统节日起初多与农业生产有关。如清明前后是播种[1]的最佳时间；五月是"恶月"，因此端午节的活动与防病、除害有关。其次，中国传统节日的习俗与礼俗相统一，如清明节祭祀祖先的习俗也是每个中国家庭祭奠祖先的一种活动。

中国现存的传统节日大都具有两千年以上的历史。随着时代的发展，传统节日里落后的习俗不断被淘汰，新的习俗不断融入，使中国传统节日表现出传承和变异相统一的特点。同时，中国的传统节日文化还表现出民族性和区域性相统一的特点。中国是多民族国家，各民族都有自己的传统节日，如回族的古尔邦节、蒙古族的那达慕大会、傣（dǎi）族的泼水节等。少数民族的传统节日和汉族的传统节日共同组成了中华民族的传统节日。

一、春节

春节是中国的农历新年。春节是中国传统节日中最重要、最热闹的节日，以除夕和正月⁽²⁾初一为高潮。农历新年时正是冬末春初，因此人们把这个节日叫作春节。

中国人过春节有很多传统习俗。从腊月⁽³⁾二十三开始，人们就开始准备过年了。在这段时间里，家家户户打扫房间、买年货、贴春联、贴福字、蒸（zhēng）年糕，做好各种食物，准备辞旧迎新。

春节的前夜叫除夕夜。除夕夜是家人的团聚之夜，一家人围坐在一起，吃一顿丰盛的年夜饭，说说笑笑直到天亮，这叫"守岁"。除夕夜零点的钟声响起的时候，人们还要吃饺子。古时候23点到凌晨1点这段时间叫"子时"，24点也就是零点叫"子正"，除夕的"子正"是新旧年交替的时候，人们在这时吃饺子，是取"更岁交子"的意思，这也是"饺子"名称的由来。

过了除夕就是大年初一。从初一开始，人们要走亲戚、看朋友，互相拜年。拜年，是春节的重要习俗。拜年时，大家要说一些祝福幸福、健康的吉祥话。

放烟花爆竹是春节期间孩子们最喜欢的活动。传说燃放爆竹可以驱妖除魔，因此每年春节从除夕夜开始，到处就响起了接连不断的爆竹声。阵阵烟花，声声爆竹，给春节增添了喜庆的气氛。

每年春节，世界各地的中华儿女都会庆祝这个中华民族最传统的节日。春节展示了中华民族独特的文化魅力，也是中华民族团结的象征。

二、元宵节

农历正月十五是中国民间传统的元宵节。因为正月又叫元月，正月十五的晚上是一年里的第一个月圆之夜，"宵"是"夜晚"的意思，所以，正月十五这个节日就叫元宵节。元宵节这一天，中国人有赏灯和吃元宵的习俗。俗话说"正月十五闹花灯"，元宵节也叫"灯节"。

元宵节赏灯的习俗是从汉朝开始的，到现在已经有两千多年的历史了。元宵节那天晚上，到处张灯结彩⁽⁴⁾，人们赏花灯、猜灯谜、看演出，不亦乐乎⁽⁵⁾。五光十色的宫灯、人物灯、花卉（huì）灯、走马灯、动物灯……各种各样的灯汇成一片灯海。有的花灯上还写着谜语，引得观灯的游人争相猜谜，猜中的还有奖品，到处都热闹非凡。

元宵节吃元宵是中国人的传统习俗。早在宋朝时，就有元宵这种食物了。元宵是一种用糯米粉做成的小圆球，里面包着用糖和各种果仁做成的馅，煮熟后吃起来又甜又香。因为这种食物是在元宵节这天吃，所以后来人们就把它叫作元宵了。中国人希望诸事圆满，在一年开始的第一个月圆之夜吃元宵，寓意着一家人团团圆圆、美美满满。

三、清明节

清明是中国的二十四节气之一，也是中国一个古老的传统节日。清明节在每年农历三月（公历4月5日左右），此时正是万物生长的时候，春光明媚，空气洁净，因此这个节日叫清明节。

清明节时，人们有扫墓祭祖和踏青插柳的习俗。中国人有敬老的传统，对去世的先人更是充满缅怀[6]和尊敬。每到清明这一天，家家户户都要去祭扫祖先的坟墓。人们为坟墓除去杂草、添加新土，在坟前点上香，摆上食物和纸钱，表达对逝去亲人的思念和敬意，这叫扫墓，也叫上坟。

清明时节，万物复苏，野外小草发芽，河边柳树长叶，正是适合户外游玩的好时候。古人有到郊外散步的习俗，这叫踏青；还有折柳枝戴在头上的习俗，叫插柳。据说插柳可以驱除鬼怪和灾难，因此人们纷纷插戴柳枝，祈求平安幸福。

清明节祭祖、踏青是中国人的习俗。每年清明这一天，人们会用各种各样的方式来怀念自己的祖先，去墓园扫墓，去郊外呼吸新鲜空气，去观赏春天的风景。2006年，清明节被列入第一批国家级非物质文化遗产名录。

四、端午节

农历五月初五是中国民间传统的端午节，也叫五月节。端午节迄今已有两千多年的历史。过端午节时，人们要吃粽（zòng）子、赛龙舟。端午节的由来有不同的说法，其中以纪念中国古代伟大的诗人屈原的说法最为流行。

端午节的名称各地相异，各地习俗也不尽相同。端午节是在炎夏[7]将至的时节，因此含有辟邪[8]驱瘟、祈求健康之意。端午节的主要习俗包括吃粽子、赛龙舟，有的地方还有挂艾蒿[9]或菖蒲[10]、佩戴香囊（náng）、饮雄黄酒等活动。粽子也有南北的区别，北方人喜欢吃甜粽，南方人则偏爱吃肉粽。

时至今日，赛龙舟不仅仅限于端午节举行。龙舟文化活动已经扩展至世界很多地方，甚至演变为重要的赛事。在中国农村，赛龙舟是一项很受欢迎的体育活动，民间甚至有"宁愿荒废一年田，不愿输掉一年船"的说法。

如今，赛龙舟活动已被列入中国国家体育赛事，成为国际性体育赛事。端午节也是中国四大传统节日之一，于2006年被列入第一批国家级非物质文化遗产名录，于2009年被列入世界非物质文化遗产名录。

五、中秋节

农历八月十五是中国传统节日中秋节。按照中国的历法，农历七、八、九三个月是秋季。八月是秋季中间的一个月，八月十五又是八月中间的一天，因此这个节日叫中秋节。中秋节这天，中国人有赏月和吃月饼的习俗。

秋季天气晴朗又凉爽，天上浮云少，夜空中的月亮显得特别明亮。八月十五的晚上，月亮正圆，是人们赏月的好时光。人们把圆月看作团圆美满的象征，因此中秋节又叫团圆节。

按照传统习俗，中国人在赏月时还要摆出瓜果和月饼等食物，一边赏月一边品尝。因为月饼是圆的，象征着团圆，所以有的地方也将月饼叫作团圆饼。月饼的品种很多，各地制作月饼的方法也不尽相同。月饼馅有咸的、甜的、荤[11]的、素的，月饼上面还印有各种花纹和字样，又好吃又好看。

秋天是收获的季节，中秋节的晚上，全家人坐在一起赏月，吃月饼，吃瓜果，充满了团聚的欢乐和丰收的喜悦。这时，远离家乡的游子也会仰望明月，思念故乡和亲人。

六、重阳节

农历的九月初九是中国传统的重阳节。重阳节这天,中国人有登高、插茱萸[12]、喝菊花酒的习俗。

在中国的数字文化中,单数是阳数,故而九是阳数,九月初九,两九重合,所以叫"重阳"。中国民间传统观点认为,九月初九这一天是不好的日子,因此一定要用登高、插茱萸来消除这一天的厄运[13]。重阳节登高,传说是为了躲避灾难,但实际上也是为了观赏秋天的美丽景色。

九月又叫"菊月""菊节",因此重阳赏菊、喝菊花酒是必不可少的。菊花可以使人的眼睛明亮,菊花酒对人的身体有好处。有些地方在重阳节这一天,有戴菊花或吃重阳糕的习俗。重阳糕又叫"花糕""菊糕"。"糕"和"高"发音相同,因此人们用吃重阳糕来暗示重阳节登高的习俗。

在陕西一些地方,人们吃完晚饭,爬上山,点起篝火[14],一起聊天,直到天亮才回家。人们在爬山的时候,还要摘几朵菊花,给自己家的女儿戴上以辟邪。

壮族人把九月初九称为"祝寿节",当老人到了六十岁的时候,子孙都来祝贺他,并且为他准备一口缸(gāng),缸是用来放米的。以后的每一年九月初九,子孙们就往缸里加米,缸里的米只有等到老人生病的时候才能吃。据说这样能使老人躲避灾难和疾病,让老人长寿。

1989年,中国政府正式确定九月初九为敬老节,从此,登高望远和尊敬老人一起成为重阳节的两大传统。

七、少数民族的节日

中国有55个少数民族,这些民族的节日有的和汉族基本相同,比如春节已经成为中华民族的共同节日,也有很多少数民族仍然保持着具有自己民族特色的节日,下面介绍几个影响较大的中国少数民族的节日。

"那达慕"在蒙古语里是游戏、娱乐的意思。那达慕是蒙古族人民非常喜欢的传统体育运动节日,一般在每年农历六月初四后五天内举行,是蒙古族人民的盛会，也是蒙古族尚武⁽¹⁵⁾精神的体现。

那达慕最重要的体育项目是射箭、摔跤和骑马。那达慕大会不仅是蒙古族人民展示自己能力的舞台，也是他们进行商品交换的重要场所。每年的那达慕大会，正是牧民丰收的时候，他们要把自己家的牛羊卖掉，换回生产生活用的物品。举行那达慕大会的时候，参加的人都会穿上蒙古族传统服装，进行各种比赛和商品交换，非常热闹。

泼水节是傣族、阿昌族、德昂族等少数民族的传统节日，也是傣族的传统新年。泼水节一般在每年的4月11日举行，有采花、取水、浴佛、互泼吉祥水等活动。

泼水前，人们要到佛教寺庙里为佛洗去灰尘，叫作"浴佛"。浴佛结束后，人们开始泼水。姑娘们提着一桶放着香水的凉水，用一根柳枝轻轻地往长辈和客人脖子上洒去，表示祝福。最热闹的时候，人们把水泼向对方，大家互相追逐，一片欢声笑语。

泼水节还有赶摆和丢包的活动。"摆"在傣语里是"丰收的节日"的意思。赶摆是泼水节最热闹、最隆重的活动。大家穿上节日的服装，走到摆场参加各种娱乐活动。白天举行龙舟比赛，晚上男女老少手拉手围成一圈，一边唱歌一边跳舞。

丢包是赶摆的一种活动，是男女之间寻找伴侣、表达爱情的娱乐方式。丢包活动时，姑娘都会准备一个花包，朝自己喜欢的男人身上扔过去。男人接住花包再把花包扔给姑娘，就表示两情相悦。通过这样的方式，男女表达爱慕之情。由此，傣族的泼水节又被称作"东方的狂欢节"。

雪顿节是藏族庆祝的规模最盛大的节日，"雪顿"在藏语中意为"喝酸奶"，人们会为僧侣⁽¹⁶⁾提供酸奶并祈求祝福。后来，雪顿节又融入了藏剧表演，逐渐演变成包含传统佛像展览、文化表演、体育竞赛、商贸交流等丰富内容的节日。

生词表

（1）播种（bō zhǒng）：播撒种子。

（2）正月（zhēng yuè）：农历一年的第一个月。

（3）腊月（là yuè）：农历十二月。

（4）张灯结彩（zhāng dēng jié cǎi）：张挂彩灯、彩带等，形容场面喜庆、热闹。

（5）不亦乐乎（bù yì lè hū）：原意是"不也是很快乐吗?"（见于《论语·学而》），现常用来表示程度极深（多用在"得"字后做补语）。

（6）缅怀（miǎn huái）：怀念；追想（已往的人或事，含崇敬意）。

（7）炎夏（yán xià）：炎热的夏天。

（8）辟邪（bì xié）：避免或驱逐邪祟。

（9）艾蒿（ài hāo）：多年生草本植物，叶子有香气，可入药，内服可做止血剂，又供灸法上用。也叫艾。

（10）菖蒲（chāng pú）：多年生草本植物，生长在水边，叶子形状像剑，肉穗花序，花黄绿色，地下根状茎淡红色。根状茎可做香料，也可入药。

（11）荤（hūn）：指鸡鸭鱼肉等食物（跟"素"相对）。

（12）茱萸（zhū yú）：山茱萸、吴茱萸、食茱萸等的统称。

（13）厄运（è yùn）：困苦的遭遇；不幸的命运。

（14）篝火（gōu huǒ）：原指用笼子罩着的火，现借指在空旷处或野外架木柴、树枝燃烧的火堆。

（15）尚武（shàng wǔ）：注重军事或武术。

（16）僧侣（sēng lǚ）：僧徒，也借来称某些别的宗教（如古印度婆罗门教、中世纪天主教）的修道人。

练习与讨论

1. 中国的春节是什么时候？中国的春节有什么特别的习俗？你觉得哪个习俗特别有意思？

2. 你了解中国哪些传统节日的习俗？这些习俗跟你们国家的习俗相比有什么不同？

3. 比较中国与你们国家的法定节假日的异同（法定节假日的数量、内容、文化重要性等）。

4. 月亮在中国传统文化中有特别的内涵，中国也有中秋节等特别的节日。你们国家是否有跟月亮有关的节日？

5. 中国有55个少数民族，你听说过这些少数民族的节日吗？哪个节日最吸引你？为什么？

6. 讨论题：请你谈谈对中国传统节日的认识。

第十六课　传统服饰

导言　"衣裳是文化的表征，衣裳是思想的形象。"这句话形象地说明了服饰与文化的关系。世界各民族不同历史时期的衣着打扮，是这个民族的社会物质文明和精神文明的标志，也是这个民族经济发展和文化发展的标志，以及民族历史意识和民族时代意识的体现。服饰文化不仅指服装制作工艺，还包括不同时代的典章制度、习俗风尚、道德礼仪和审美情趣。服饰除了具有护体、御寒[1]、美化等功能外，还具有职业标志、阶层标志、礼仪标志等作用。

在中国古代社会的中原地区，身份的尊卑和地位的高低，都可以在服饰上得到体现。中国历史上，历代王朝都对服饰做了明确、严格的等级规定。中国古代服饰不是自由的表现，而是等级和礼仪的象征，这是中国古代服饰的最大特点。

除汉族外，中国少数民族的服饰也都多姿多彩，各具特色。藏族的藏袍、苗族的百褶（zhě）裙、彝（yí）族的筒裙等，都是该民族自古以来流行的服饰。

一、传统服饰的演变

远古时代，中国古人用兽骨做针，把几块兽皮连接起来，做成可以御寒的衣服。考古发现，山顶洞人居住的洞穴里有缝制兽皮的骨针。

商周时代的服饰主要是上衣下裳，"裳"就是裙。上衣的衣领开向右边。当时的衣服都很宽大，于是人们就在腰部束一条宽边的腰带。此外，肚围前再下垂一条蔽膝（xī），用来挡住膝（xī）盖。古代汉族服饰的基本特点是衣服的颜色多为上玄（xuán）下黄，即上面是黑色的，下面是黄色的。黑色表示天亮以前的颜色，黄色表示土地的颜色，可见当时的服饰是中国人对天地崇拜的表现。

春秋战国时期的服饰是直筒式的长衫，即上衣和下裳连在一起包住身体，这种衣服叫深衣。战国后期，西域少数民族的服饰胡服在中原流行起来。胡服和汉族宽大的衣服不同，其上身为筒袖窄上衣，下身为裤，腰间系皮带，这种服饰便于少数民族骑射。汉族人觉得胡服穿起来活动方便，因此胡服就在中原地区流行起来，这是中国服饰史上一次有意义的革新。

魏晋南北朝时期是中国古代服装史的大变动时期。当时，大量西域的少数民族搬到中原居住，胡服成了当时时髦的服装。胡服紧身、圆领，袖子和裤子都很窄。汉族人在穿着胡服时，根据自己的习惯把袖子和裤子加宽。当胡服因为便利在汉族百姓中流行的时候，西域少数民族的贵族却开始钟爱汉族的服装，因其繁复、宽大，体现了上位者的风范。

隋唐时期是中国服装发展的盛期。那时的都城长安是世界大都市，云集[2]着大量商人、使臣、留学生，因此当时的服饰受到了不少外来文化的影响。

清朝是满族人统治中国的时代，百姓中有满、汉两种着装。当时的统治者极力推行满族的服饰和打扮。满族妇女一般都穿长度到脚的宽长袍，外面再罩一件坎肩，也叫马甲。因为满族人叫作旗人，所以他们的袍子就叫作旗袍。不过这个旗袍和后来成为中国女性传统服装代表的旗袍并不完全相同。男装方面，长袍马褂（guà）是清朝男子常穿的服饰。马褂是穿在长袍外面的短褂子，长度到腰，其本来是北方人骑马时穿的，满族统一中国建立清朝后，逐渐在全国流行起来，一度成为清代甚至民国时期满族和汉族男子的常规穿着。

二、传统服饰与等级制度

在服饰发展的最初阶段,并没有等级差别。随着宗法制度的形成和确立,服饰成为区别等级的重要标志,从而形成了中国数千年的冠服制度。中国古代官员服饰的等级区分非常细微,这种情况在别的国家并不多见。

根据历史记载和考古发现,商代时服饰还没有明确的等级差别。那时,服装的基本形式是上衣下裳。周代宗法制形成后,根据天子、诸侯、大夫的等级差别,服饰开始有了等级分别。其中,最尊贵的礼服是冕服。冕服结构复杂,装饰繁多,各种装饰都有象征意义。我们在影视作品中看到的秦始皇的衣服就是冕服。

汉代服饰承袭秦代特色,盛行冠[3]制。古时最初是成年及冠[4],到汉代时改为尊者及冠。但是冠的区别比较细微,因此汉代还用腰间绶带[5]的颜色和织法来区别官阶的高低。

唐朝时把颜色引入服饰等级制度中,以服装的颜色区分官位的品级,品色衣成为定制。唐代规定,皇帝穿黄色袍服,亲王及三品以上官员穿紫色官服,五品以上官员穿大红色官服,五品以下官员穿绿色官服,士兵穿黑色官服,普通读书人穿白色衣服。

明朝时的服装定制也很有特色。百官根据品级不同穿着不同颜色的官服,袍服上绣着补子[6]。文官的补子上绣着鸟,武官的补子上绣着兽,不同等级所用的鸟和兽各自不同。

三、旗袍

说到中国女性的传统服装,不能不提旗袍。人们一般认为旗袍起源于清代满族人所穿的长袍。经过不断发展和改进后,旗袍逐渐成为中国女性专属的代表服饰。

旗袍的发展经历了清代、民国和当代三个时期。清朝时期的旗袍,衣身宽大,线条平直,衣服长到脚踝。当时的旗袍领子很高,盖住腮[7],能碰到耳朵,称为"元宝领"。袍子上绣着各色花纹,领子和袖口等都有多重宽阔的滚边(8)。

1911年，辛亥革命推翻了中国历史上最后一个封建王朝——清朝，旧式的旗袍也被淘汰了。20世纪20年代中叶，一种新旗袍开始出现在当时的服饰时尚中心——上海。新旗袍最初以无袖的长马甲的形式出现，袍身宽松，长度到脚踝(9)之上或小腿肚，领子和袖口等仍有滚边。后来，马甲又加入了当时流行的喇叭袖，这种喇叭袖是由去欧美留学的女留学生带回中国的。这就是新旗袍的款式。

20年代末，旗袍开始收腰，并且受到欧美短裙潮流的影响，裙摆提高到膝盖下，仍是倒大袖，但是袖口变小，滚边变小甚至完全消失了，色调也变得淡雅。三四十年代是旗袍的全盛期，上海女学生是旗袍风尚的开创者，她们的着装成为当时的流行风向。

现代旗袍吸收了西方的裁剪风格，注重自然简单，也强调人体的曲线美，同时还采用了一些民族文化元素，如加入龙、凤，梅、兰、竹、菊等传统图案和花纹。旗袍具有很多文化内涵，象征着民族融合、妇女解放、东西方文化融合等。在中国举办的奥运会、国际会议、博览会等国际性活动中，人们多选择旗袍作为礼仪服装。2011年，龙凤旗袍手工制作技艺成为国家级非物质文化遗产。随着中国文化在海外的传播，旗袍也受到了许多外国女性朋友的喜爱。

四、中山装和唐装

中山装是在辛亥革命时期正式形成的具有代表性的中国服装，因孙中山先生最早穿着这种新式服装而得名。中山装上衣前面有四个口袋，分别代表中华传统四大美德——礼、义、廉、耻，每个口袋还各加有一个"倒山形"袋盖，口袋里可以放纸、笔，非常实用。中山装后背不破缝，表示国家和平统一之大义(10)；衣领为翻领封闭式，彰显严谨治国的理念。

中山装具有庄重、实用、穿着方便等优点，经孙中山先生提倡后，得到广大群众的喜爱，成为一种代表新时代的流行服装。因为这种新的服装款式不仅包含了孙中山先生的设计思想，也是孙中山先生提倡穿着的，所以人们就把这种服装称为中山装。

2003年，中国为APEC参会的各国领导制作了一套中式服装，人们习惯把这种服装称为唐装。可能因为唐朝是中国历史上最繁荣的朝代，而且国外华人居住的地方常常叫唐人街，所以唐人穿的衣服也就叫唐装了。其实，唐装并不是中国唐朝的衣服，起初也不是汉族人的衣服，而是由清代满族人的马褂演变而来的。马褂是一种穿在袍服外的短衣，主要是为了便于骑马，所以称为马褂。清朝时，马褂在社会上流行，成为男式便衣，汉族和满族男人都会把马褂套在长袍外边，显得文雅大方。

现在的唐装已经进行了很多改良，款式有四个特点：一是立领，上衣前边中心开口，立式领型。二是连袖，袖子和衣服是整体，没有接缝，以平面裁剪为主。三是以对襟[11]为主，也可以是斜襟。四是盘扣，也就是直角扣。此外，唐装的面料主要是织锦缎。

五、少数民族服饰

中国有55个少数民族，每个少数民族都有自己的服饰。少数民族的服饰丰富多彩，充满了浓郁的民族风情。由于不同民族的自然环境、生产方式、风俗习惯、审美情趣的差异，各个少数民族的服饰呈现出独特的风格。

维吾尔族男女出门都喜欢戴小花帽。维吾尔族戴的小花帽，一般为四楞（léng）、六角或者圆形的，戴在头的侧后方，其图案丰富，做工精细。维吾尔族男子一般内穿竖条纹衬衣，外套无扣、宽袖、对襟的长袍，俗称袷袢（qiā pàn）。袷袢穿起来很宽松，系布腰带，腰带也可以用来存放食物和其他小东西。维吾尔族女子喜欢穿长衫或连衣裙，外面套着深红、深蓝或者黑色的丝绒坎肩。

苗族历史悠久，居住分散，风俗多样，这些特点在苗族服饰中多有体现。苗族服饰有性别、年龄、盛装和平时装等区别。苗族男子上身穿短衣或者大襟长衫，下身穿长裤；女子上身穿短衣，下身配短裙、长裙或者长裤。苗族服饰的颜色以黑色为底色，上面绣满彩色图案。苗族服饰最突出的特点是配件多，图案精美，色彩艳丽，特别是女子服饰，尤其绚丽多姿。苗族女子的头饰可以说是中国少数民族女子头饰中最丰富、最漂亮的。苗族人把他们崇拜的动物、植物都装饰到服饰上，这是民族习俗和古老文化传统相结合的产物，丰富的银饰、绚丽的花衣构成了苗族服饰的独特风貌。

傣族女子的服饰最有名，也最有代表性。傣族女子一般都身材苗条，面目清纯秀美，有"金孔雀"之称。傣族女子一般喜欢穿窄袖短衣和筒裙，喜欢戴首饰，首饰很多是金银制作的，上面刻着精美的花纹和图案，一般是空心的。傣族女子会在腰上系一根银腰带，据说银腰带是由母辈一代代传下来的，饱含着深深的爱。

生词表

（1）御寒（yù hán）：抵御寒冷。

（2）云集（yún jí）：像天空的云一样从各处聚集在一起。

（3）冠（guān）：帽子，古代指礼帽或较庄重场合戴的帽子。

（4）及冠（jí guàn）：指男子年满二十岁，到了成年（冠：古代男子二十岁举行冠礼，戴上成年人戴的帽子）。

（5）绶带（shòu dài）：一种彩色的丝带，用来系官印或勋章，有的斜挂在肩上表示某种身份。

（6）补子（bǔ zi）：也叫补，旧时的官服。前胸及后背缀有用金线和彩丝绣成的"补子"，也叫"背胸"，是品级的徽识。此制明代已有。清代文官绣鸟，武官绣兽。一品，文鹤，武麒麟；二品，文锦鸡，武狮；三品，文孔雀，武豹；四品，文雁，武虎；五品，文白鹇，武熊；六品，文鹭鸶，武彪；七品，文鸂鶒，武彪（同六品）；八品，文鹌鹑，武犀牛；九品，文练雀，武海马。此外都御史、按察使等，均绣獬豸。

（7）腮（sāi）：两颊的下半部。

（8）滚边（gǔn biān）：同"绲边"，在衣服、布鞋等的边缘特别缝制的一种圆棱形的边儿。

（9）脚踝（jiǎo huái）：小腿与脚之间部位的左右两侧的突起。

（10）大义（dà yì）：大道理。

（11）对襟（duì jīn）：中装上衣的一种式样，两襟相对，纽扣在胸前正中。

练习与讨论

1. 你印象最深的中式服装是什么？有什么特点？喜欢或者不喜欢的理由是什么？

2. 中国人一般什么时候穿正装？穿什么样的正装？和你们国家有区别吗？

3. 介绍中国最有代表性的服装，并说明穿着的场合和体现的文化内涵。

4. 你们国家历史上对服装穿着有等级、性别方面的特殊规定吗？

5. 讨论题：比较中式服装和你们国家传统服装的异同（样式、颜色、穿着礼仪、审美观等）。

第十七课　中外文化交流

导言　世界各国的文化都是在交流中不断丰富和发展的。中国是历史悠久的文明古国，历史上，中国文化曾传播到东南亚、中亚、欧洲和北非，促进了世界文明的进步。同时，中国古人也积极吸收借鉴他国的文明成果，丰富和发展了中华文明。

历史上的中外交流有三个高峰时期：两汉时期、唐宋元时期和明末清初。这期间，中国的四大发明、纺织技术，以及汉字、儒学、诗歌等传入中亚、东亚、北非及欧洲。同时，外国的宗教、农作物、艺术等也传入中国，丰富和促进了中国文化的发展。

在中外文化交流中还出现了许多英雄人物，流传着他们的传奇事迹。如汉代出使西域的张骞（qiān）、唐代西行取经[1]的玄奘（zàng）、东渡日本的鉴真、明朝下西洋的郑和等，还有意大利的马可·波罗、传教士利玛窦（dòu）等，他们都为中外文化交流作出了杰出的贡献。

一、丝绸之路

丝绸之路有广义和狭义之分，狭义的丝绸之路指的是陆上丝绸之路，也就是西汉时由张骞出使西域时开辟的，以长安（今西安）为起点，经今甘肃、新疆等，到中亚、西亚，并连接地中海各国的陆上通道。

古代的丝绸之路大体分为南、中、北三条路线。南道过帕米尔高原、阿富汗等地到达南亚各国；中道至今伊朗等中亚各国；北道则绕过咸海、里海，最终抵达今伊斯坦布尔。从西汉到隋唐时期，丝绸之路一直是东西方文明交流的重要通道。

丝绸之路的开通，在古代东西方之间架起了文化交往的桥梁，带动了沿线各地区各民族之间的经济联系和商品流通：葡萄、胡萝卜、胡豆等物产东来，中国的丝绸、刺绣、陶瓷等大量商品西传。这些不仅丰富了东西方各国的物质文化生活，还促进了古代欧亚大陆各国各民族之间的文化交流。佛教、基督教、伊斯兰教等通过丝绸之路传入中国，大大改变了中国原有的哲学、文学和艺术的风貌，中国的四大发明也通过丝绸之路传往阿拉伯和欧洲，使整个人类文明都发生了深刻的变化。

元代以后，陆上丝绸之路逐渐为海上交通所取代。近年来，中国提出的"一带一路"倡议，为这一古老的商路注入了新的生机。

二、海上丝绸之路

除了陆上丝绸之路，还有一条海上丝绸之路同样促进了中国与外国的交流。海上丝绸之路也称"海上陶瓷之路""海上香料[2]之路"。

关于海上丝绸之路的最早记载见于《汉书·地理志》中所记载的从西汉的南疆到达印度洋的海路。海上丝绸之路形成于秦汉，兴盛于唐宋，转变于明清，是已知最为古老的海上航线。海上丝绸之路主要有两条航线：一条是东海航线，主要前往日本列岛和朝鲜半岛；另一条是南海航线，主要前往东南亚及印度洋地区，最远抵达东非和欧洲。

在宋朝之前，东海航线主要由宁波进出港，南海航线则主要由广州进出港。此外，隋唐以前，海上丝绸之路只是陆上丝绸之路的一种补充形式。隋唐以后，伴随着中国经济重心的慢慢转移以及造船、航海技术的发展，海上丝绸之路最终替代陆上丝绸之路，成为中国对外交往的主要通道。其中，明朝郑和下西洋标志着海上丝绸之路发展到了极盛时期。

在长达两千年的历史中，海上丝绸之路推动了中国与沿海各国的经济、文化交流和共同发展。近年来，中国倡导建立"21世纪海上丝绸之路"，一定意义上是这一海上通道在更大国际合作领域的历史延伸和有益尝试。

三、鉴真东渡

在日本奈良唐招提寺中,有一尊造型优美的僧人坐像,被尊为日本的国宝,受到特别的保护。这尊坐像所塑的就是中国著名的高僧鉴真。鉴真历尽艰辛到日本传教的事迹,至今还在中日两国人民口中传颂。

隋唐时期,中日两国人民的友好往来十分密切。从630年到894年,日本派出遣唐使共13次,每次都在100人以上,最多的一次有650人。唐朝也有许多学者到日本去,其中最著名的就是鉴真。

鉴真从小就受父亲影响,对佛教产生了浓厚的兴趣,并于14岁那年出家当了和尚。经过佛寺里师父的指导,鉴真的佛学知识越来越丰富。他45岁时,已经成为名扬四方的高僧。当时日本受中国影响,大力提倡佛教,想请高僧去日本传授戒律[3]。

鉴真自742年接受邀请后,决心东渡日本,前后历时12年。这12年中,他历经千辛万苦,先后6次东渡,最终在754年到达日本。到达日本的时候,鉴真已经66岁了。

鉴真在日本天皇赐给他的一块宅地上建造了一座新寺院,叫作唐招提寺。唐招提寺的建筑设计由鉴真亲自参与,整个建筑结构精巧,布局和谐,气势宏伟,反映了唐朝建筑的特点。唐招提寺是日本奈良时代遗留下来的最宏伟的建筑物,对日本寺院建筑影响很大。从此,鉴真就在唐招提寺讲授戒律,唐招提寺也成为当时日本最有影响的寺院。

鉴真精通医学,他带去了许多药方,并亲自给当地人看病,传授中草药知识。他还带去了中国的绣像、雕像、画像等,对日本的美术界有很大影响。

鉴真在日本度过了整整十个春秋[4],为中日两国的友谊和科技文化交流作出了杰出的贡献。763年,76岁的鉴真在奈良圆寂[5]。日本朋友将他葬在唐招提寺,以世世代代纪念他。

四、郑和下西洋

从1405年到1433年,明代的郑和七下西洋。当时,郑和受明成祖和明宣宗派遣,先后七次率领庞大的船队扬帆远航。

郑和,本姓马,小字三保,回族人。他的祖父和父亲都曾到伊斯兰教圣地麦加城朝圣,因此他自幼就对海外情况有所了解。郑和深受明成祖朱棣(dì)信赖,被委以出使海外的重任。

郑和的船队从苏州刘家港(今江苏太仓)出发,经越南南部、爪哇、苏门答腊和斯里兰卡,到达印度西岸,最远到达红海和非洲东海岸的索马里及肯尼亚。

据《明史》记载,郑和率领的船队每次数目不等,最多时有大小船舶200多艘,其中大型宝船62艘,最大的宝船长44丈,宽18丈,船上载有官兵27 800多人,其中有水手、工匠、战士、医生、翻译等。

郑和船队的规模之大、人数之多、组织之严、航程之远,不但在15世纪的中国航运史上,而且在当时的世界航运史上都是空前[6]的。

据史料记载,郑和七次航海所率领的船队曾到达50余国,如印度支那半岛诸国、马来半岛诸国、南洋群岛诸国、阿拉伯半岛诸国和非洲东海岸诸国。郑和船队的远航活动,大大提高了明朝的国际地位,同时与所到各国建立了政治联系和贸易联系。中国的丝绸、瓷器等通过郑和船队传到海外,而外国的香料、珊瑚(shān hú)、珠宝等也经印度洋输入中国。郑和的航海壮举,大大促进了中国与南洋诸国的文化交流,也奠定了他作为伟大航海家的历史地位。

至今,南洋各地仍保留着许多有关郑和的遗迹,如马六甲附近有三保山、三保庙等。

五、《马可·波罗游记》

马可·波罗(1254—1324),出身于意大利威尼斯的商人世家,父亲和叔父都是颇有地位的富商。在长期的经商活动中,他们养成了远走天涯[7]、不畏（wèi）艰险的性格以及熟悉远洋航道的本领。1271年，波罗兄弟第二次东游，带上了少年马可。

1275年，他们抵达上都，向忽必烈递交了教皇的书信，赢得了忽必烈的尊重与信任。从此，马可·波罗就在中国留了下来。在中国的17年间，他的足迹遍及长城内外、大江南北，他还曾奉旨出使他国。

1296年，已经返回意大利的马可·波罗因为一次战斗不幸入狱。在狱中，他结识了同是囚徒的作家鲁斯蒂奇阿诺。鲁斯蒂奇阿诺把马可·波罗口述的东方见闻用古法语笔录成书，这就有了日后举世传诵的《马可·波罗游记》（又名《马可·波罗行记》《东方见闻录》）。

《马可·波罗游记》既是一部游记，也是一部纪实性的地理书、历史书。在书中，马可·波罗不仅用大量篇幅详尽介绍了元朝大汗[8]忽必烈的都城、宫廷、政治、经济等情况，还记录了他自己在中国的所见所闻，如扬州、杭州、福州等商业名城的商务及物产。

繁荣的大都[9]经济和富有魅力的东方文化，在《马可·波罗游记》中得到了真实的反映。《马可·波罗游记》被誉为世界一大奇书，对中西文化以及科学技术的交流与发展，起到了巨大的推动作用。这本书是欧洲人撰写[10]的第一部详尽描绘中国历史、文化和艺术的游记，马可·波罗把中国这个遥远的东方国家的真实情况，生动而具体地讲述给欧洲人，为众多欧洲读者形象地勾勒出一个地大物博、文明昌盛的中国轮廓[11]。尽管人们对马可·波罗其人的真实性存疑[12]，但是《马可·波罗游记》的出版，有意或无意开辟了中西方直接联系和接触的新时代，大大促进了中西方的文化交流，具有划时代的意义。

▶ 生词表

（1）取经（qǔ jīng）：本指佛教徒到印度去求取佛经，现也比喻向先进人物、单位或地区吸取经验。

（2）香料（xiāng liào）：在常温下能发出芳香的有机物质，分为天然香料和人造香料两大类。天然香料从动物或植物体中取得，如麝香、灵猫香以及玫瑰、蔷薇等的香精油，人工制造的也很多。用于化妆品和食品工业等。

（3）戒律（jiè lǜ）：多指有条文规定的宗教徒（如佛教徒、道教徒）必须遵守的生活准则。

(4) 春秋（chūn qiū）：春季和秋季，常用来指整个一年，泛指岁月。

(5) 圆寂（yuán jì）：佛教用语，指僧尼死亡。

(6) 空前（kōng qián）：以前所没有。

(7) 天涯（tiān yá）：指极远的地方。

(8) 汗（hán）：可汗的简称。

(9) 大都（Dà dū）：元都城。世祖至元四年（1267年）在今中都城东北另筑新城，九年改称"大都"，二十年筑成。蒙古人称"汗八里"，意即"汗城"。城东、西两面相当于今北京内城东、西城墙，南抵今东西长安街，北抵今德胜门、安定门外土城旧址。有城门11座，北曰健德门、安贞门，东有光熙门、崇仁门、齐化门，南有文明门、丽正门、顺承门，西有平则门、和义门、肃清门，周长28.6千米，面积50多平方千米。都城规模宏大，宫殿壮丽，户口繁庶，商业发达；附郭居住各国商人甚多。

(10) 撰写（zhuàn xiě）：写作。

(11) 轮廓（lún kuò）：（事情的）概况。

(12) 存疑（cún yí）：对疑难问题暂时不做决定。

▶ 练习与讨论

1. 中国历史上有哪些比较著名的中外交流事件？你印象最深的是哪一件？为什么？

2. 你们国家历史上有哪些比较著名的对外交流事件？是否有跟中国有关的交流事件？如果有，你觉得影响最大的是哪一次？请说说理由。

3. 历史上，中国文化在哪些国家和地区传播得比较广？具体影响有哪些？

4. 丝绸之路对中国和世界的意义。

5. 谈谈你所了解的郑和下西洋。

6. 讨论题：谈谈中外交流互鉴的过去和未来。

第十八课　文 化 遗 产

导言　作为世界最古老的文明之一的中华文明有着众多的历史文化遗产，不仅显示了中国人的聪明才智，也为世界文明的发展作出了贡献。

"非物质文化遗产"这一概念出现于20世纪末21世纪初。采用"非物质"的说法，是为了把这类遗产与国际上已经具有广泛影响的遗产的概念区分开来。非物质文化遗产是指各族人民世代相传并视其为文化遗产组成部分的各种传统文化形式，以及与传统文化表现形式相关的实物和场所。

世界文化遗产是一项由联合国发起、联合国教科文组织负责执行的国际公约建制，以保存对全世界人类都具有杰出普遍性价值的自然或文化处所为目的。世界文化遗产被认为是对文化的保护与传承的最高等级，属于世界遗产范畴[1]。世界遗产分为世界文化遗产、世界文化与自然双重遗产、世界自然遗产三大类。截至2021年7月，中国已有56个项目被列入世界遗产名录，位居世界第一。其中，世界文化遗产38项，如长城、故宫、天坛等；世界文化与自然双重遗产4项，如泰山、黄山等；世界自然遗产14项，如九寨沟、四川大熊猫栖息地等。

一、敦煌莫高窟

敦煌莫高窟在今甘肃敦煌东南,其创建于前秦,到唐朝时就已经达到了1000多窟,到清代的一千多年间一直在不断地修缮。

敦煌莫高窟现存洞窟492个,保存着历代彩塑2400多尊,壁画近50 000平方米。如果把这些壁画连起来,可以组成一个长达25千米的画廊。

敦煌佛像都是泥制彩塑,分为单身像和群像,其造型生动、神态各异,最大的高33米,最小的只有0.1米。

敦煌莫高窟是世界上壁画最多的石窟群,其中的敦煌壁画是敦煌艺术的重要组成部分,规模宏大,内容丰富。敦煌壁画主要分为佛像画、经变画、民族传统神话题材壁画、供养人画像四类。佛像画是壁画的主体,内容包括各种佛像、菩萨等。其中体态俏丽、翩翩起舞的敦煌飞天[2]形象让人难忘。

在敦煌莫高窟的492个洞窟中,几乎每一窟都画有飞天。在早期石窟中,飞天身材粗短,大嘴大耳,很明显是受到印度飞天和西域飞天的影响。但到唐朝时,敦煌飞天的艺术形象就完全中国化了。这时的飞天没有翅膀,没有羽毛,衣裙飘逸,彩带飞舞。

敦煌壁画的色彩富丽堂皇,艳而不俗,以石绿、石青、朱砂等矿物染料为主色,层次分明,因为矿物染料稳定性很强,历经千年依然艳丽如初。

敦煌莫高窟是当今世界上规模最宏伟、保存最完好的佛教艺术宝库,被联合国教科文组织列入世界文化遗产名录。

二、四川九寨沟

距离四川成都400多千米的岷(mín)山深处,隐藏着一处桃源仙境。多少个世纪以来,它始终不为人知。直到20世纪70年代,进山伐木的工人发现了它,它就是因居住着9个藏族村寨而得名的九寨沟。

九寨沟位于四川阿坝(bà)藏族羌(qiāng)族南坪(píng)境内。这里是长江支流嘉陵（jiā líng）江的一条支沟，大自然在这里布下了114个奇特的湖泊，总面积3.5平方千米。这100多个湖泊构成了九寨沟神奇美丽的高山湖泊群。九寨沟天空湛蓝[3]纯净，远处的高山上白雪皑皑[4]，最美丽的是湖水终年碧蓝，清澈见底，随着光照的变化、季节的不同，可以呈现出不同的色彩。

九寨沟湖泊的形态和类型是多种多样的，这114个大小不同的湖泊呈梯形分布在50多千米的范围内，湖与湖之间的高低差有100多米，每个湖泊都有其独特的迷人之处。

九寨沟的湖泊是彩色的，这些湖泊的色彩每天都十分鲜艳，并不因时间的久远而褪色[5]。为什么九寨沟的湖泊是彩色的呢？这是阳光、水藻（zǎo）和湖底沉积物共同作用的结果。生长在湖泊里的水生植物形成的水生群落和水底不同的沉积物，在阳光的照射下，分别呈现出不同的颜色。由于每个湖泊的深度、沉积物和临岸景物不同，各自在色度上有差异，所以每个湖泊都有独特的色彩，这是九寨沟彩色湖泊的秘密所在。

九寨沟因为其独特的原始自然美、变化无穷的自然景观和丰富的动植物资源，而被誉为"人间仙境"。1992年，它被联合国教科文组织正式列入世界自然遗产名录。

三、古琴

古琴是中国最古老的弹拨乐器之一，也称瑶琴、七弦琴、玉琴。

古琴在春秋时期就被大圣人孔子积极提倡。孔子曾教导说"君子乐不去身"，即君子和琴比德，唯君子能乐，操琴通乐是君子修养的最高层次，人与乐合一共同显现出一种平和敦厚的风范。可见，在孔子眼里，琴乐不仅仅是后世君子个人的修身之乐，更是容纳天地、教化百姓的圣乐。古代人们相信天地的气象就蕴含在其中，他们膜拜古琴，赋予它关于道德的信仰。作为"正音"，琴乐寄寓了中国千年的正统思想和文化。

古琴有文献可考的历史已有三千余年，在这悠长的历史里形成了独特的古琴文化。古琴文化是一门综合文化，它包含了中国古代传统社会的音乐文化和礼制文化，甚至还杂糅了儒家思想、道家思想。在中国众多的传统文化中，古琴文化应当说是儒、道两家在音乐中体现的集大成者。

古琴文化和雅清淡的独特风格及其涵盖广泛而丰富的领域，曾经在中国古代文人的文化中引领风骚，古代文人在古琴里淋漓尽致[6]地进行文化的诉求。琴乐不仅仅代表他们对音乐意境的追求，还因古琴文化内容的博大精深成为中国传统音乐的代表，反映出哲学、文学、思想里面的儒道精神、人文精神和生活美学态度。古琴艺术中的琴史、琴律、记谱法、弹奏法、美学思想等方面早已形成独立完整的体系，故被合称作"琴学"。

古琴文化主要是受儒家中正和平、温柔敦厚和道家顺应自然、清微淡远等思想的影响。儒家中和雅正思想在古琴音乐上有所体现，而琴乐清淡的风格和天人合一的意境则主要为道家思想的反映。对古琴的欣赏和认识需要从其深厚的文化底蕴中挖掘精神内涵，理解其"万物与我为一"的精神意境，而不是单一地从琴乐的曲调中理解。

随着历史、社会的发展变革，古琴文化汲取八方精华，其底蕴和内涵更加深厚，可谓在传承中发展，在发展中传承。古琴艺术于2003年入选了联合国教科文组织的人类口头和非物质遗产代表作名录，成为代表中国千年历史文化的非物质文化遗产。

四、长城

万里长城，举世闻名。长城是中国古代以城墙为主体的军事防御工程，主要分布于中国北部和中部。长城依地形连绵起伏，总长度达2万多千米，因此又被称作"万里长城"。长城的完整修筑与中国历史上第一位皇帝秦始皇有很大关系。

目前保存比较完整的是明长城（14—17世纪）。山海关是长城最东边的关口，位于河北秦皇岛，有"天下第一关"的美誉。登上山海关城楼，可以看到浩瀚[7]的大海和蜿蜒的长城。嘉峪（yù）关是长城最西边的关口，那里地势险要，建筑雄伟。八达岭长城位于北京北部，海拔约 1000 米，历史上是北京的重要屏障，也是目前保存最完整、最具代表性的明长城。

长城体现了中国人民对于和平的渴望和守护，是中华民族团结统一的象征，代表着"万众一心，众志成城[8]"的精神。

五、布达拉宫

在藏语中，"布达拉"的意思是"普陀"，布达拉宫是藏传佛教寺庙与宫殿结合的建筑类型的杰出代表。布达拉宫建在海拔 3500 多米的玛布日山上，被誉为"世界屋脊上的明珠"。

公元 7 世纪，吐蕃[9]王松赞干布为迎娶[10]唐朝文成公主专门兴建了布达拉宫，距今已有一千三百年历史。宫殿采用木石结构，由白宫、红宫和僧房组成，与山体相融。内部宫宇重叠，壁画满布，各种珍贵文物数量可观，反映了西藏与中原各民族之间长期的经济往来和文化交流。

文成公主是唐朝时期一位著名的公主，代表唐朝入藏与吐蕃王联姻[11]，被封为吐蕃王后。从此，中原民族与藏民族之间的联系日益紧密，经济与文化交流也逐渐增多。文成公主是汉藏民族与文化交流的友好使者，她在西藏生活了四十多年，深受藏族人民的爱戴，在藏族人民心中是佛教绿度母菩萨的化身。文成公主的雕像至今仍在布达拉宫受到供奉和敬仰。

六、相声

"曲艺"是各种说唱艺术的总称，由古代民间的口头文学和说唱艺术发展演变而来。曲艺的主要艺术手段是用带有表演动作的说和唱来叙述故事、表达思想感情、反映社会生活。其中，最为人们所喜闻乐见的曲艺形式是相声。

中国的相声是一种笑的艺术，是一种以语言为主要表演手段的戏剧性曲艺艺术，它是在中国古代笑话和民间笑话的基础上发展起来的。现代相声是一百多年前在北京和天津地区产生的。

相声表演的艺术手段是说、学、逗、唱。相声的笑料来自那些巧妙安排在相声中的"包袱"[12]。"包袱"是相声演员的行话,意思是把可笑的东西像包东西一样一件一件地包在包袱里,到了一定的时候突然抖出里面的东西,既出乎观众的意料,又合情合理,从而使观众忍不住大笑起来。

相声说的内容,大多数是我们生活中的事情,也有的是根据民间笑话、历史人物、历史故事和语言文字游戏改编的。

相声表演所用的道具非常简单,一张桌子、一把扇子或一块手绢就可以了。一个人说的叫单口相声,两个人说的叫对口相声,三个人或多个人合说的叫群口相声。其中,最常见的是对口相声。它由两个演员采用问答的方式表演,一个逗哏[13],一个捧哏[14]。

中国著名的相声演员有马三立、侯宝林、马季、姜昆等。在一代一代相声艺人的努力下,相声已经成为雅俗共赏的全国性艺术形式。

七、秦始皇陵兵马俑

秦始皇陵兵马俑位于陕西西安的秦始皇陵附近,是一座有着两千多年历史的中国古代陶制墓葬雕塑群,被誉为"世界第八大奇迹"。兵马俑是秦始皇陵墓的重要组成部分,主要由战车、战马、士兵组成,规模宏大,展现了两千多年前秦朝强大的军事力量和国家实力。

迄今已发掘了8000余件兵马俑雕塑。这些兵马俑都是真人大小,并且在装束、五官、发型、神态和手势上各不相同,表现出不同的人物性格,真实而富有生气,生动地反映了当时工匠高超的技艺和文化多元的特点。陶俑的面容威严而从容[15],能使人感受到古代人物的鲜明个性和时代特征。

从雕塑艺术来看,秦始皇陵兵马俑风格写实且富于想象力,在中国雕刻艺术上具有承上启下[16]的意义,是中国古代雕塑艺术臻[17]于成熟的标志。

> 生词表

(1) 范畴（fàn chóu）：类型；范围。

(2) 飞天（fēi tiān）：佛教壁画或石刻中的在空中飞舞的神。梵语称神为提婆，因提婆有"天"的意思，所以汉语译为"飞天"。

(3) 湛蓝（zhàn lán）：状态词。深蓝色（多形容天空、湖海等）。

(4) 皑皑（ái ái）：形容霜、雪洁白。

(5) 褪色（tuì sè）：布匹、衣服等的颜色逐渐变淡。也作退色。也说脱色。

(6) 淋漓尽致（lín lí jìn zhì）：形容文章、谈话等详尽透彻，发挥充分，也形容暴露得很彻底。

(7) 浩瀚（hào hàn）：水势盛大。

(8) 众志成城（zhòng zhì chéng chéng）：大家同心协力，就像城墙一样的牢固，比喻大家团结一致，就能克服困难，得到成功。

(9) 吐蕃（Tǔ bō）：我国古代民族，在今青藏高原。唐时曾建立政权。

(10) 迎娶（yíng qǔ）：娶。

(11) 联姻（lián yīn）：两家因婚姻关系结成亲戚。

(12) 包袱（bāo fu）：指相声、快书等曲艺中的笑料。

(13) 逗哏（dòu gén）：用滑稽有趣的话引人发笑（多指相声演员）。

(14) 捧哏（pěng gén）：相声的配角用话或动作、表情来配合主角逗人发笑。

(15) 从容（cóng róng）：不慌不忙；镇静；沉着。

(16) 承上启下（chéng shàng qǐ xià）：接续上面的并引起下面的（多用于写作等）。

(17) 臻（zhēn）：达到（美好的境地）。

第十八课　文化遗产

▶ 练习与讨论

1. 长城有什么特点？有什么象征意义？你们国家古代最有名的工程及其象征意义是什么？

2. 布达拉宫在什么地方？为什么那么有名？你们国家有哪些具有民族风格的建筑？有什么特点？

3. 文成公主是谁？做了什么事？你觉得她做的事有意义吗？你们国家历史上也有这样的人物吗？

4. 采访你的同胞，了解他们对中国文化遗产的印象和看法。

5. 秦始皇陵兵马俑是什么？有什么特点？你们国家有哪些著名的雕塑？它们与秦始皇陵兵马俑的不同是什么？

6. 讨论题：谈谈发展旅游事业对保护世界文化遗产的利与弊。说一说应该如何兼顾文物保护和发展经济。

后　记

　　本书在学院领导的整体构想下初具雏形，后来又征求了多方意见，并且经过反复的修改，终于顺利出版了。本书由李华雍、肖任飞合作完成，具体编写分工如下：肖任飞负责编写第六、第十课，李华雍负责编写其余部分。

　　本书是面向国际学生编写的一本教材，在编写过程中虽然受到篇幅和使用对象中文水平的限制，在内容上无法充分展开，但也力求使国际学生对中国文化有基本的了解。为了更好地让国际学生学习和了解中国文化，我们在编写本书时力争做到语言方面通俗易懂，同时对一些较难的字词标注汉语拼音，并在每一课后列有生词表。

　　本书共有18课，每课循导言、具体知识进行讲解，以教师讲授为主，同时附有练习题，以方便学生使用。

　　本书在编写过程中参考了最新的资料，特别是《国际中文教育用中国文化和国情教学参考框架》，这里要特别向该书作者表示诚挚的感谢！虽然本书严格按照出版规范和质量标准进行编写，但难免有错漏之处，在此深表歉意，并恳请读者不吝赐教，对书中内容提出宝贵的意见，以便本书有机会再版时能够有所改进。

　　本书的顺利出版，凝聚着来自学院领导、同事以及出版社编辑等各方面的心血，在此表示衷心的感谢！最后，特别感谢华中师范大学出版社对本书出版给予的大力支持！

李华雍　肖任飞
2024年8月